G. TESTART

Instruction Morale et Civique

EN DÉPÔT :
chez M. GRANGÉ, 82, rue du Bac
PARIS
1896

INSTRUCTION

MORALE ET CIVIQUE

IMPRIMERIE Vve ALBOUY
75, Avenue d'Italie. — Paris.

INSTRUCTION
MORALE ET CIVIQUE

NOTIONS FONDAMENTALES

POUR

L'ENSEIGNEMENT PRIMAIRE

DEGRÉ MOYEN ET SUPÉRIEUR

Leçons, résumés, lexique et questionnaires

PAR

G. TESTART

Ouvrage publié sous le patronage
de l'Union de la Jeunesse Républicaine.

EN DÉPÔT :

chez M. GRANGÉ, 82, rue du Bac.

PARIS

1896

NOTE PRÉLIMINAIRE

« Le principe du Gouvernement démocratique, c'est la vertu.

MONTESQUIEU, *Esprit des lois*, liv. III, chap. 3

Nous ne prétendons pas faire œuvre de philosophe ou de pédagogue, ni combler une lacune. Nos visées sont moins hautes.

Nous voulons seulement exposer, suivant notre conscience, les quelques notions fondamentales d'instruction morale et civique qu'il nous semble nécessaire de graver dans le cœur et la mémoire des enfants pour en faire de bons Français.

Ce petit livre ne sera, pour le maître, qu'un programme; il lui appartiendra de le vivifier, de le développer, par des exemples, des lectures, des récits, des explications; nous nous sommes bornés à jalonner la route que nous désirons lui voir suivre.

Aux mains de l'élève, ce même livre sera utile, pour réviser, fixer, coordonner avec méthode les principales idées déjà acquises, et nos vœux seraient, que, devenu citoyen, il en parcoure encore les pages afin de conserver, vivaces, ces notions générales de morale et d'instruction civique, indispensables au perfectionnement de la société et au développement de nos institutions démocratiques.

Donner aux enfants un certain nombre d'idées sociales, leur inspirer le culte de l'Humanité, l'amour de la Patrie et de la Famille, la vertu du travail, la foi dans le progrès ; leur inculquer la nature de la véritable égalité, des notions nettes et fermes de la justice et de la solidarité, leur apprendre à respecter toute supériorité intellectuelle ou morale, tel est le but que nous poursuivons, que les maîtres de l'enseignement primaire atteindront; c'est là notre invincible espérance.

Bien que ce volume soit divisé en deux parties (instruction morale et instruction civique), ces deux parties forment pour nous un tout indissoluble. Ces divisions ne sont adoptées ici que pour les facilités analytiques qu'elles procurent et les maîtres agiront sagement, à notre avis, en conduisant de front ces deux parties de l'enseignement, au moins pour les éléves du cours moyen, et en abrégeant, pour les élèves de ce cours, les développements théoriques des trois premiers chapitres.

EXTRAITS

DU

PROGRAMME

OFFICIEL

D'INSTRUCTION MORALE ET CIVIQUE

POUR LES ÉCOLES PRIMAIRES PUBLIQUES

MORALE. — COURS MOYEN

L'enfant dans la famille. Devoirs envers les parents et les grands-parents. — Obéissance, respect, amour, reconnaissance. — Aider les parents dans leurs travaux; les soulager dans leurs maladies; venir à leur aide dans leurs vieux jours.

Devoirs des frères et sœurs. — S'aimer les uns les autres; protection des plus âgés à l'égard des plus jeunes; action de l'exemple.

Devoirs envers les serviteurs. — Les traiter avec politesse, avec bonté.

L'enfant dans l'école. — Assiduité, docilité, travail, convenance. — Devoirs envers l'instituteur. — Devoirs envers les camarades.

La patrie. — La France, ses grandeurs et ses malheurs. — Devoirs envers la patrie et la société.

Devoirs envers soi-même. — *Le corps :* propreté, sobriété et tempérance; dangers de l'ivresse; gymnastique.

Les biens extérieurs. — Économie (conseils de Franklin; éviter les dettes; funestes effets de la passion du jeu;

ne pas trop aimer l'argent et le gain; avarice). Le travail (ne pas perdre de temps, obligation du travail pour tous les hommes, noblesse du travail manuel).

Les facultés. — Véracité et sincérité; ne jamais mentir. — Dignité personnelle, respect de soi-même. — Modestie; ne point s'aveugler sur ses défauts. — Éviter l'orgueil, la vanité, la coquetterie, la frivolité. — Avoir honte de l'ignorance et de la paresse. — Courage dans le péril et dans le malheur; patience, esprit d'initiative. Dangers de la colère.

Traiter les animaux avec douceur; ne point les faire souffrir inutilement. — Loi Grammont, sociétés protectrices des animaux.

Devoirs envers les autres hommes. — Justice et charité (ne faites à autrui ce que vous ne voudriez pas qu'on vous fît; faites aux autres ce que vous voudriez qu'ils vous fissent). — Ne porter atteinte ni à la vie, ni à la personne, ni aux biens, ni à la réputation d'autrui. — Bonté, fraternité. — Tolérance, respect de la croyance d'autrui.

N. B. Dans tout ce cours l'instituteur prend, pour point de départ, l'existence de la conscience, de la loi morale et de l'obligation. Il fait appel au sentiment et à l'idée du devoir, au sentiment et à l'idée de la responsabilité.

MORALE. — COURS SUPÉRIEUR

1° *La Famille.* Devoirs des parents et des enfants; devoirs réciproques des maîtres et des serviteurs.

2° *La Société.* Nécessité et bienfaits de la société. La justice, condition de toute société. La solidarité, la fraternité humaine.

Applications et développements de l'idée de justice : respect de la vie et de la liberté humaine, respect de la propriété, respect de la parole donnée, respect de l'honneur et de la réputation d'autrui. La probité, l'équité, la délicatesse. Respect des opinions et des croyances.

Applications et développements de l'idée de *charité* ou de *fraternité*. Ses divers degrés, devoirs de bienveillance, de reconnaissance, de tolérance, de clémence, etc. Le dévouement, forme suprême de la charité : montrer qu'il peut trouver place dans la vie de tous les jours.

3° *La Patrie.* Ce que l'homme doit à la patrie : l'obéissance aux lois, le service militaire, discipline, dévouement, fidélité au drapeau. — L'impôt (condamnation de toute fraude envers l'Etat). — Le vote (il est moralement obligatoire, il doit être libre, consciencieux, désintéressé, éclairé). — Droits qui correspondent à ces devoirs : liberté individuelle, liberté de conscience, liberté du travail, liberté d'association. Garantie de la sécurité de la vie et des biens de tous. La souveraineté nationale. Explication de la devise républicaine : Liberté, Egalité, Fraternité.

Dans chacun de ces chapitres du cours de morale sociale, on fera remarquer à l'élève :

1° La différence entre le devoir et l'intérêt;

2° La distinction entre la loi écrite et la loi morale.

INSTRUCTION CIVIQUE. — COURS MOYEN

Notions très sommaires sur l'organisation de la France.

Le citoyen, ses obligations et ses droits; l'obligation scolaire, le service militaire, l'impôt, le suffrage universel.

La commune, le maire et le conseil municipal.

Le département, le préfet et le conseil général.

L'État, le pouvoir législatif. le pouvoir exécutif, la justice.

INSTRUCTION CIVIQUE. — COURS SUPÉRIEUR

Notions plus approfondies sur l'organisation politique, administrative et judiciaire de la France :

La constitution, le président de la République, le Sénat, la Chambre des députés, la loi; — l'administration centrale, départementale et communale, les diverses autorités, — la justice civile et pénale, — l'enseignement, ses divers degrés, — la force publique, l'armée.

Notions très élémentaires de droit pratique.

L'état civil, la protection des mineurs; — la propriété, les successions; — les contrats les plus usuels : vente, louage, etc.

Entretiens préparatoires à l'intelligence des notions les plus élémentaires d'économie politique : l'homme et ses besoins; la société et ses avantages; les matières premières, le capital, le travail et l'association. La production et l'échange; l'épargne; les sociétés de prévoyance, de secours mutuels de retraite.

COURS-RÉSUMÉ

D'INSTRUCTION MORALE ET CIVIQUE

TABLE MÉTHODIQUE

DU

COURS-RÉSUMÉ

D'INSTRUCTION MORALE ET CIVIQUE

PREMIÈRE PARTIE

INSTRUCTION MORALE

LIVRE I

MORALE GÉNÉRALE

CHAPITRE I

La Morale.

CHAPITRE II

La conscience morale.

CHAPITRE III

Sanctions effets et subdivisions de la Morale.

Mérite et démérite. — Remords et satisfaction morale.
Liberté et responsabilité. — Sanctions complémentaires de la conscience.
Vertu et vice. — Gradation du bien et du mal. — Subdivisions de la morale. — Résumé. — Questionnaire.

LIVRE II

MORALE INDIVIDUELLE

CHAPITRE IV

Devoirs relatifs aux facultés.

Morale individuelle. — Division des devoirs. — Devoirs relatifs aux facultés.
Classement des vertus. — La prudence. — Le courage. — Le travail. — La tempérance.
Le respect de la vérité et de la parole donné. — Résumé. — Questionnaire.

CHAPITRE V

Devoirs relatifs au corps.

L'organisation physique. — Conservation de la santé. — Le suicide. — Hygiène. — Propreté. — Tempérance. — Gymnastique. — Subordination du bien physique au bien moral et dévouement. — Résumé. — Questionnaire.

LIVRE III

MORALE SOCIALE

CHAPITRE VI

Devoirs envers l'humanité.

La morale sociale. — Ses règles générales. — Ses divisions. — Devoirs envers l'humanité.

La justice. — Respect de la vie d'autrui. — De la liberté individuelle. — De la propriété. — La charité. — La solidarité. — Devoirs professionnels. — Résumé. — Questionnaire.

CHAPITRE VII

Devoirs envers la Famille.

La famille. — Son organisation. — Devoirs des parents. — Devoirs des enfants.

La camaraderie et l'amitié. — Résumé. — Questionnaire.

CHAPITRE VIII

Devoirs envers la Patrie.

§ I

Notions et obligations générales.

La patrie. — Éducation du patriotisme. — Amour et respect de la patrie.

Le cosmopolitisme. — Le chauvinisme. — Devoirs envers la patrie.

Sa défense. — Obéissance aux lois. — Résumé. — Questionnaire.

§ II

La liberté, l'égalité, la fraternité, dans leurs rapports avec le patriotisme.

La devise nationale. — La liberté — L'égalité. — La fraternité. — Subordination de l'intérêt individuel à l'intérêt de la patrie. — Résumé. — Questionnaire.

DEUXIÈME PARTIE

INSTRUCTION CIVIQUE

LIVRE IV

DROITS ET DEVOIRS CIVIQUES

CHAPITRE IX

Principes généraux.

§ I

Le droit et la souveraineté nationale.

L'instruction civique. — Le droit. — L'organisation de la société. — Le droit politique et le droit civil. — Origine du droit public. Principes de 1789. — La souveraineté nationale. — Son exercice. Ses agents. — Résumé. — Questionnaire.

§ II

La constitution, le pouvoir législatif et le Gouvernement.

La constitution. — Le Sénat et la Chambre des députés. — Le gouvernement. — Le Président de la République. — Les ministres. — Leurs attributions.

Le conseil d'Etat. — La cour des comptes. — Résumé. — Questionnaire.

CHAPITRE X

Notions sur l'organisation administrative et judiciaire.

§ I

Organisation universitaire, militaire et financière.

Les principaux services publics. — L'enseignement public. — Instruction primaire. — Secondaire. — Supérieure. — Admi-

§ II

Organisation judiciaire.

CHAPITRE XI

L'État, le département, la commune.

CHAPITRE XII

Le citoyen, ses obligations et ses droits.

LIVRE V

NOTIONS SOMMAIRES DE DROIT USUEL

CHAPITRE XIII

La législation et les droits civils.

civils. — Condition des étrangers. — Protection des mineurs. — Le domicile. — Résumé. — Questionnaire.

CHAPITRE XIV

La propriété et les contrats.

Le droit de propriété. — Distinction des biens. — Transmission de la propriété.

Les successions. — Les donations et testaments. — Les contrats. La prescription. — Résumé. — Questionnaire.

CHAPITRE XV

Le Commerce.

Exercice du commerce. — Les livres de commerce. — Devoirs des commerçants. — La faillite. — La liquidation judiciaire. — Les sociétés de commerce. — Résumé. — Questionnaire.

LIVRE VI

NOTIONS ÉLÉMENTAIRES D'ÉCONOMIE SOCIALE

CHAPITRE XVI

Notions diverses.

L'économie sociale. — L'homme et ses besoins. — La société et ses avantages.

Les matières premières. — Le Travail. — La richesse. — Le capital, l'intérêt.

CHAPITRE XVII

Salaire et propriété.

Les salaires. — La division du travail. — Les machines.

La liberté du travail. — La propriété. — Les devoirs dérivés du droit de propriété.

CHAPITRE XVIII

Commerce et Monnaie.

L'échange et le commerce. — Valeur et prix. — La monnaie. — Le billet de banque. — Le crédit et les effets de commerce. — Les effets publics.

CHAPITRE XIX

Consommation. Association. Assistance.

Le luxe. — L'Epargne. — Les sociétés. — La misère.

ANNEXE

Déclaration des droits de l'Homme.

LEXIQUE

TABLE DES MATIÈRES

Nota. — Les mots suivis d'un astérisque sont inscrits au léxique.

COURS-RÉSUMÉ

D'INSTRUCTION MORALE ET CIVIQUE

PREMIÈRE PARTIE

INSTRUCTION MORALE

LIVRE PREMIER

MORALE GÉNÉRALE

CHAP. I. La Morale. — CHAP. II. La Conscience morale.
CHAP. III. Sanctions, effets et subdivisions de la Morale.

CHAPITRE PREMIER

La Morale.

SOMMAIRE

Définition de la Morale. — Fondement et but de la Morale. — Son utilité. — Étude et pratique de la Morale. — Son Universalité. — Sa Perfectibilité. — Précepte général. — Résumé. — Questionnaire.

Définition de la Morale. — La Morale est la science * des droits et des devoirs[1].

Les questions que la Morale se pose peuvent se classer en deux groupes qui forment la Morale Générale ou théorique et la Morale pratique.

1. Le devoir naît de l'obligation pour chacun de respecter le droit chez autrui et de le faire respecter chez soi-même; il dérive donc du droit qui le précède.

La Morale Générale scrute les causes, examine les problèmes, recherche les principes fondamentaux de l'ordre social, étudie les besoins individuels et généraux de l'homme pour en tirer les règles nécessaires à la civilisation et au progrès *.

La Morale pratique est la détermination plus précise des règles spéciales et partielles à suivre dans les circonstances diverses de l'existence.

Fondement et but de la Morale. — Les moralistes font généralement reposer l'ensemble des règles indispensables à la direction de l'activité de l'homme sur des principes positifs et naturels, vrais et fixes, et c'est le principe le plus important qui sert de point de départ, de base ou de fondement à la morale. La Morale ayant pour but d'assurer le progrès de la civilisation et le bonheur de l'humanité doit être fondée sur la considération dominante de l' intérê général et de la solidarité sociale.

Il résulte de ce principe fondamental que la poursuite du bonheur * individuel n'est légitime que si elle est subordonnée au bien général, ou mieux, cherchée dans ce bien général. Il faut donc combattre en soi les impulsions égoïstes * et développer les impulsions altruistes.

Son utilité. — La morale est la base nécessaire de toute association. Elle complète et limite la liberté, dicte des règles de conduite, sert à juger les actes, à déterminer la responsabilité. Elle donne des bases au droit positif, aux lois écrites qui sont nécessaires à la stabilité sociale. Elle rend les hommes plus robustes, meilleurs et plus intelligents.

Etude et pratique de la Morale. — La morale étant une science, il faut nécessairement l'étudier, rechercher les principes sur lesquels elle repose et les actions humaines auxquels ces principes sont applicables; mais il ne suffit pas de savoir la morale, il faut, de plus et surtout, s'habituer à agir, à intéresser à la pratique du bien toute son énergie; l'habitude amoindrit l'effort et ce qui peut nous paraître difficile, pénible à faire pour les autres, devient plus facile lorsqu'il s'agit d'actes souvent répétés; ce qui est une peine peut devenir un plaisir et l'homme vraiment sage, place son bonheur dans la pratique constante du bien, de la vertu.

Universalité de la morale. — Il y a des principes primitifs de morale, indépendants de tout système métaphysique ou religieux. Ils remontent à la plus haute antiquité; toutes les nations civilisées les observent et on les retrouve même dans les monuments ou l'histoire de peuples disparus; telles sont, par exemple, ces maximes* : Honorer ses parents, respecter la loi, aimer la justice, etc. Le passage de ces principes essentiels à travers les âges et au-dessus des frontières, s'explique par l'identité des besoins individuels et généraux, dans la plupart des sociétés arrivées au même degré de développement.

On ne saurait les enfreindre sans retomber dans la barbarie, la sauvagerie, nous dirons même dans l'animalité. Ils forment le fond commun de la civilisation et donnent à la morale son caractère universel.

Perfectibilité de la morale. — Si la morale est universellement répandue, il ne s'ensuit pas que son progrès soit fatal ; au contraire, il faut l'aider. Mais, l'idée même du progrès comporte l'idée d'amélioration à quelque chose qui ne change pas. Il y a donc deux parts dans la morale. La première nous paraît immuable, à cause de la brièveté relative de notre existence, c'est ce fond commun de la civilisation, ces principes généraux[1] formulés par des sociétés anciennes, qui résultent de la nature même de l'homme et qui se sont transmis de génération en génération, de peuple à peuple.

La seconde se compose des règles dérivées de ces principes, lesquelles s'éclaircissent, se perfectionnent suivant les divers âges du monde et les divers degrés de la civilisation.

L'histoire de l'humanité nous amène à dire que la morale est universellement répandue et qu'elle est perfectible[2].

Précepte Général. — La compréhension des notions qui précédent sur le but, l'utilité et les caractères de la morale conduit à formuler ce précepte d'ensemble : Il faut respecter les lois naturelles et aider au progrès général.

1. On donne aussi à l'ensemble de ces principes l'appellation de droit naturel.

2. La contradiction que certains écrivains veulent voir entre l'universalité de la morale et sa perfectibilité, n'est qu'apparente ; ces termes n'ont rien d'absolu.

RÉSUMÉ

La Morale est la science des droits et des devoirs; elle se divise en morale générale et en morale pratique.

La morale doit être établie sur la considération dominante de l'intérêt général et de la solidarité sociale, d'où la supériorité de l'altruisme * sur l'égoïsme.

Elle a pour but d'assurer le progrès et le bonheur de l'humanité. Elle se compose de principes primordiaux, communs à tous les peuples civilisés, principes desquels découlent des règles secondaires qui sont transformables, perfectibles. Elle sert à diriger les individus qu'elle rend plus robustes, meilleur et plus intelligents, et les sociétés, qu'elle rend plus stables et plus justes.

La morale doit être étudiée, mais il faut surtout s'appliquer à contracter de bonnes habitudes et à placer son bonheur dans la pratique constante du bien.

QUESTIONNAIRE

Dites ce qu'est la morale? Sur quoi est-elle fondée? Quel est son but? De quoi se compose-t-elle? A quoi sert-elle? Faut-il se borner à l'étudier? Pourquoi faut-il contracter de bonnes habitudes? Comment la morale est-elle universelle? Comment est-elle perfectible? Pouvez-vous formuler un précepte général?

CHAPITRE II

La Conscience morale.

SOMMAIRE

La conscience morale. — Notion du bien. — Distinction du bien et du mal. — L'amour du bien. — L'obligation morale. — Le devoir. — L'éducation du caractère. — Résumé. — Questionnaire.

La conscience morale. — La conscience est la connaissance, l'appréciation personnelle et interne du bien et du mal moral.

Elle comprend la notion du bien, la distinction du bien et du mal moral, l'amour du bien, la connaissance de l'obligation morale, le jugement du mérite et du démérite, le remords et la satisfaction, corollaires de l'obligation.

Notion du bien. — Le bien est tout ce qui concourt à l'utilité générale et même, suivant le sens commun, à l'intérêt individuel, quand celui-ci n'est pas contraire à un intérêt supérieur.

Le bien s'épure, s'élève à mesure qu'il se rapproche d'un idéal de vérité, de perfection, de beauté, constitué en vue du bonheur de tous.[1]. Ce bonheur ne consiste pas dans la satisfaction immédiate et personnelle des besoins matériels, nutritifs ou sensitifs, qui doivent être ramenés au nécessaire, mais

1. L'idéal, est le devenir : en le supprimant, il ne reste que les réalités présentes, sans la conception d'un avenir meilleur, et cette conception est indispensable au progrès de l'humanité.

dans la satisfaction des besoins sociaux, affectifs et intellectuels, lesquels produisent le bonheur moral, le seul louable, le seul illimité.

Distinction du bien et du mal. — Les actes sont qualifiés bons ou mauvais; un acte est bon lorsqu'il est profitable à l'humanité, à la patrie, à la famille et même à l'individu, à la condition expresse: 1° que la somme d'utilité produite soit supérieure à celle du mal qu'il peut occasionner; 2° qu'il soit conforme aux préceptes généraux de morale, universellement connus et admis.

Un acte bon devient moral s'il est voulu, prémédité, accompli librement. La pratique volontaire des actions bonnes, c'est le bien moral; la pratique volontaire des actions mauvaises, c'est le mal moral ou l'immoralité.

On voit par cette définition qu'il est très difficile de porter un jugement équitable sur les actes des autres. Aussi, ne doit-on le faire qu'avec circonspection et ne tenir ni pour bonnes, ni pour mauvaises, mais seulement pour indifférentes, les actions individuelles qui ne troublent pas l'ordre social et pour lesquelles il nous manque des éléments d'appréciation. D'ailleurs on ne doit chercher à réunir ces éléments que dans un but défensif, avec discrétion, la délicatesse nous interdisant toute curiosité inutile ou agressive.

L'amour du bien. — L'amour du bien est une tendence impersonnelle, sympathique, altruiste, née du milieu social, transmise héréditairement à travers des générations innombrables, variable d'intensité suivant les individus et qui se développe par l'éducation. L'amour du bien comprend la recherche du bonheur des autres, l'affection pour ce qui est juste et bon, la répugnance invincible aux actes nuisibles.

L'obligation morale. — La prescription générale d'observer les préceptes moraux est communément désigné sous le nom de loi morale[1]. Elle est obligatoire, c'est-à-dire, que nous reconnaissons ne pas pouvoir l'enfreindre sans nous exposer à des conséquences fâcheuses, dont la plus redoutable est celle de l'appréciation interne de notre propre déchéance morale. Cette obligation est aussi nommée le devoir.

Le devoir. — D'ou nous vient le sentiment du devoir?

Cette question délicate divisant les philosophes, toute solution trop générale ou trop exclusive doit être écartée. On peut citer toutefois cette opinion — des découvertes scientifiques tendent à la confirmer — que l'intuition du devoir résulte d'expériences d'utilité accumulées, devenues graduellement organiques et héréditaires. Le sentiment du devoir existe en nous à l'état latent; c'est là un fait d'expérience intime. Cette constatation suffit pour dire que le devoir est conforme à la nature de l'homme et à la raison.

L'éducation du caractère. — Le sentiment du devoir et l'amour du bien existent en germe chez tout individu normalement constitué.

A côté de ces tendances bonnes et raisonnables, il y a des penchants pervers et irrationnels, instinc-

1. Suivant Marc-Aurèle « il n'y a qu'une seule loi morale qui est la raison commune à tous les êtres intelligents. »

tifs, qu'il faut combattre, avec la plus grande énergie. L'ensemble constitue la nature instinctive, bonne ou mauvaise de chacun : le caractère. A ces tendances, confuses à l'origine, mais qui se précisent avec l'âge, se rattachent les mobiles d'action. Les motifs, ce sont les principes d'action raisonnés et réfléchis. De ce que le sentiment du devoir et l'amour du bien naissent avec nous, il faut se garder de conclure que nous ne devons rien faire pour les développer ; bien au contraire, nous devons appliquer notre volonté à rendre notre conscience plus vive, plus scrupuleuse. C'est, d'ailleurs, l'éducation, l'habitude qui donnent à l'homme, mieux encore que la nature, la force de résister aux multiples épreuves dont le cours de la vie est parsemé.

RÉSUMÉ

La conscience est l'appréciation personnelle et interne du bien et du mal moral. L'analyse des faits de conscience comprend la notion et l'amour du bien, la distinction du bien et du mal, la notion de l'obligation morale ou loi du devoir.

L'amour du bien et le sentiment du devoir existent à l'état latent chez tout individu normalement constitué. Ils se développent par l'éducation et sont en conformité avec la nature de l'homme et la raison.

Conscience et raison sont des termes synonymes.

2.

QUESTIONNAIRE

Définissez la conscience morale? Quelles sont les notions qu'elle comporte? Qu'est-ce que le bien? En quoi consiste-t-il? Qu'est-ce qu'un acte bon? Quand devient-il moral? Pourquoi est-il difficile de juger les actes des autres? Qu'entendez-vous par sens moral ou amour du bien? Qu'est-ce que l'obligation, la loi morale? Qu'entendez-vous par le devoir? Doit-on développer en soi l'amour du bien, le sentiment du devoir? Comment et pourquoi?

CHAPITRE III

Sanctions, effets et subdivisions de la Morale.

SOMMAIRE

Jugement du mérite et du démérite. — Remords et satisfaction morale. — Liberté et responsabilité. — Sanctions complémentaires de la conscience. — La vertu et le vice. — Gradation du bien et du mal. — Subdivision de la morale. — Résumé. — Questionnaire.

Jugement du mérite et du démérite. — La valeur morale de l'homme se détermine par le caractère des principes d'action auxquels ils donne la préférence. D'après notre conception de la morale, les motifs d'agir sont mauvais quand leurs conséquences généralisées sont contraires à l'intérêt général; indifférents, lorsque ces conséquences ne touchent à aucun intérêt*; ils sont bons, s'ils concordent avec les besoins généraux de la société. Notre connaissance du bien et du mal moral nous conduit à apprécier la valeur morale de nos actions, mauvaises, indifférentes ou bonnes, de là, le jugement du mérite et du démérite que nous portons sur nous-même; mérite *, à cause des efforts faits (efforts immédiats ou accomplis antérieurement en vu d'acquérir de bonnes habitudes morales); démérite, si des motifs bas et matériels, égoïstes, font méconnaître le bien.

Remords et satisfaction morale.—Le principe du mérite ou du démérite entraîne une sanction, récompense ou châtiment.

La récompense, c'est le plaisir moral, la satisfaction du devoir accompli qui suit une bonne action. Le châtiment, c'est la souffrance morale, le remords, les regrets, le repentir qui suivent une action mauvaise. Ces sentiments varient d'intensité suivant le plus ou moins d'élévation et de noblesse des esprits, mais ils trouvent dans les lois naturelles ou positives, dans le jugement des autres hommes, une consécration puissante.

Liberté et responsabilité. — L'homme, pour parvenir à la véritable vie morale, est obligé de développer sa conscience, de l'éclairer, de la rectifier; d'où, une série d'efforts.

Il arrive cependant de bonne heure à comprendre qu'il peut se débarasser des préjugés égoïstes, qu'il lui suffit souvent d'apprécier les conséquences de ses projets pour éviter les actions mauvaises, qu'il doit appliquer sa volonté à repousser les suggestions de la passion et de l'intérêt personnel, pour ne se déterminer que d'après les motifs les plus élevés.

Ce développement intellectuel, commun et accessible à la généralité des hommes, constitue la liberté morale[1], laquelle entraîne la responsabilité.

La liberté morale comprend le pouvoir de diriger sa volonté et la faculté de discernement.

Lorsqu'on ne peut diriger sa volonté ou discerner le bien du mal, on n'est pas libre, on est aliéné et, par suite, irresponsable.

Sanctions complémentaires de la conscience. — L'homme qui possède sa liberté morale est déclaré coupable lorsqu'il commet une mauvaise action, lorsqu'il viole son devoir. Non seulement sa faute est condamnée par la conscience, mais le mépris public, et, souvent, des peines édictées par le législateur, viennent s'ajouter au jugement douloureux qu'il porte sur lui-même.

Par contre, l'honnête homme voit l'approbation de sa conscience confirmée par l'estime générale; enfin, la pratique de la vertu* est toujours favorable au développement intellectuel et physique soit de l'individu, soit de la société considérée dans son ensemble.

Vertu et vice. — La pratique constante du bien, c'est la vertu; l'inobservation des préceptes moraux constitue l'immoralité ou le vice.

Les vertus sont dites individuelles ou sociales, suivant qu'elles ont l'individu ou la société pour objet.

L'homme vertueux par excellence, c'est celui qui applique toute son activité à travailler au bien général de son espèce, à coopérer au bonheur de l'humanité.

1. Il faut se garder de confondre la liberté morale avec la liberté physique.

Gradation du bien et du mal. — Il est utile de s'appliquer à connaître les différents degrés du bien et du mal et nous avons, pour les exprimer, des mots spéciaux. C'est ainsi qu'une action peut être qualifiée criminelle, injuste, mauvaise, égoïste, indifférente ou bonne, juste, généreuse, héroïque.

L'appréciation de ces termes et la connaissance de leur gradation est indispensable pour exprimer, sur nos actes ou ceux de nos semblables, un jugement équitable.

Subdivision de la morale. — Nous avons dit que la morale se divise en morale générale ou théorique, (c'est celle dont nous venons de parcourir les grandes lignes) et en morale pratique.

Cette dernière peut se subdiviser elle-même en deux parties : 1° la morale individuelle qui renferme les règles de conduite de l'homme envers lui-même ; 2° La morale sociale qui comprend ses devoirs envers l'humanité, la famille et la Patrie.

RÉSUMÉ

De la valeur morale des actes découle le jugement du mérite et du démérite que nous portons sur nous-même ; jugement sanctionné par la satisfaction ou le remords suivant le cas.

La liberté morale consiste dans le pouvoir de diriger sa volonté et dans la faculté de discernement. Elle résulte de la volonté et du développement intellectuel de l'homme ; elle entraîne la responsabilité et légitime les récompenses ou les châtiments, imposés par la conscience, l'opinion générale et parfois par la loi positive. La pratique constante du bien, c'est la vertu; l'inobservation des préceptes moraux, c'est le vice. Nous avons d'autres mots spéciaux pour préciser les différents degrés du bien et du mal.

On divise la morale, considérée comme science: 1° en morale générale ou spéculative; 2° en morale pratique. La morale pratique se subdivise elle-même en morale individuelle et en morale sociale.

QUESTIONNAIRE

Comment se détermine la valeur morale de l'homme? Pourquoi le mérite? pourquoi le démérite? Qu'est-ce que le remords? En quoi consiste la liberté morale? Quelle est sa conséquence? Peut-on être irresponsable? Y a-t-il d'autres récompenses ou peines que celles qui résultent de la conscience? Lesquelles? Qu'est-ce que la vertu? Le vice? Y a-t-il des degrés dans le bien et dans le mal? Quelles sont les divisions de la morale pratique?

LIVRE II

MORALE INDIVIDUELLE

CHAP. IV. Devoirs relatifs aux facultés. — CHAP. V. Devoirs relatifs au corps.

CHAPITRE IV

Devoirs relatifs aux facultés.

SOMMAIRE

La Morale individuelle. — Division des devoirs. — Devoirs relatifs aux facultés. — Classement des vertus. — La Prudence. — Le Courage. — Le Travail. — La Tempérance. — Le respect de la vérité et de la parole donnée. — Résumé, — Questionnaire.

Morale individuelle. — La morale individuelle est l'ensemble des devoirs de l'homme envers lui-même; elle est aussi la base des vertus publiques, le progrès général que nous poursuivons tous ne pouvant résulter que de l'amélioration des individus.

Division des devoirs. — Pour l'analyse de ses devoirs, l'homme est généralement considéré sous deux aspects différents: comme être moral et comme être physique. Par suite, ses devoirs envers lui-même sont de deux sortes : 1° ceux qui sont relatifs à la vie intellectuelle et morale, c'est-à-dire aux facultés ; 2° ceux qui sont relatifs à la vie matérielle, au corps.

Devoirs relatifs aux facultés. —L'homme, en développant son intelligence* par l'étude et le travail, en soumettant ses passions à la volonté, en perfectionnant ses penchants vers le vrai, le beau et le bien, s'est élevé si haut sur l'échelle des êtres qu'il occupe dans le monde un rang exceptionnel et supérieur.

Tous nos efforts doivent tendre à continuer cette évolution.

Ils constituent nos devoirs et peuvent être divisés d'après les diverses facultés, intelligence, volonté et sensibilité qu'il s'agit de diriger et de perfectionner.[1]

Classement des vertus. — La pratique constante des devoirs individuels constituent des vertus qui ont été classées en trois groupes par les anciens. Ces groupes correspondent aux facultés comme suit :

1° Pour l'intelligence, les vertus dites du genre de Prudence.

2° Pour la volonté, les vertus dites du genre de Courage.

3° Pour la sensibilité, les vertus dites du genre de Tempérance.

Nous adoptons cette classification qui est plus

1. Cette division est purement analytique ; en réalité les facultés ne peuvent se manifester indépendamment les unes des autres.

commode qu'exacte, tout en nous réservant d'examiner dans un 4e groupe, les vertus qui ne peuvent trouver dans ce classement de rang précis.

La Prudence. — La prudence ou la sagesse n'est autre chose, suivant Cicéron, que la recherche et la découverte de la vérité. On peut dire encore que la sagesse est un composé de science et d'intelligence.

Être sage, c'est cultiver sa raison, développer son intelligence par la réflexion et l'étude, acquérir l'instruction, orner sa mémoire. L'ignorance, on le sait, est un vice et un fléau, tandis que l'instruction dissipe les préjugés, supprime les superstitions en même temps qu'elle élève et fortifie l'esprit. D'autre part, l'instruction est devenue indispensable, dans la société moderne, pour permettre à chacun de faire valoir ses droits et de remplir ses devoirs.

Le Courage. — La volonté* a pour fonction de diriger l'intelligence et la sensibilité vers le vrai, le beau et le bien; mais ce n'est pas tout de vouloir, il faut vouloir avec force, avec énergie; c'est ce qu'on appelle le courage. Le courage prend diverses formes qui sont la patience, la bravoure, la constance, la fermeté, l'indépendance, et surtout l'activité ou le travail.

Le Travail. — Les produits naturels du sol ne peuvent suffire aux besoins de l'homme; aussi, son organisme est-il adapté, depuis un nombre incalculable de siècles, à la nécessité du travail. Il ne pourrait vivre s'il restait complètement inactif, et la paresse, l'oisiveté sont contraires à tout développement physique et intellectuel. La justice, l'esprit de solidarité, l'amour du progrès, commandent à chacun de nous, non seulement de pourvoir à ses besoins, mais de s'attacher à produire plus qu'il ne consomme; aussi faut-il proclamer hautement que celui qui vit en parasite*, qui ne produit rien d'appréciable dans l'ordre matériel ou moral, manque à ses devoirs et se déshonore.[1] Les préjugés et les croyances contraires à la noblesse du travail sont malsains; il n'y a d'ailleurs pas de moyen plus sûr qu'un labeur constant et opiniâtre, pour s'élever au-dessus des misères morales et des détresses matérielles. On n'a droit au repos qu'après avoir consacré la majeure partie de sa vie au travail. Notons enfin qu'il ne suffit pas de travailler pour être en règle vis-à-vis de soi-même et de la société. Il faut, de plus, que le travail soit utile, exécuté au bon endroit et en temps voulu.

La tempérance. — La tempérance n'est pas seulement, comme nous le verrons plus loin, une vertu du corps; c'est elle qui règle notre sensibilité, épure nos penchants, ennoblit nos mœurs.

C'est à la tempérance que se rattachent la modestie, la modération des gestes et du langage; c'est elle qui nous oblige à nous montrer tolérants pour les petits défauts et les opinions des autres. Aussi, la morale condamne-t-elle les vices opposés, l'orgueil, la colère, le fanatisme, dont les conséquences individuelles et sociales sont des plus regrettables. C'est encore la tempérance qui règle les écarts de l'imagination,

1. J. J. Rousseau a dit à ce sujet : « Tout homme oisif est un fripon. »

empêche les jeunes gens de se lançer dans d'aventureuses entreprises, de poursuivre la réalisation de rêves insensés.

La tempérance commande le désintéressement, ce qui ne signifie pas le renoncement absolu aux moyens d'existence, ni n'exclut l'économie (forme de la prévoyance) lorsque celle-ci a pour but d'assurer l'indépendance matérielle et morale et de pourvoir aux besoins de la vieîllesse. Enfin, la même vertu nous porte à considérer comme un vice hideux l'avarice qui fait de la richesse, le but suprême de la vie.

L'amour du jeu qui annihile le goût du travail, la soif de gains immodérés, contraire à l'idée de justice, sont de mauvaises aspirations. Il faut les comprimer, les étouffer par respect pour soi-même et pour mériter l'estime des autres.

Le respect de la vérité et de la parole donnée. —Le respect de la vérité et de la parole donnée, dont les manifestations sont surtout individuelles, complète l'énumération des règles que l'homme, être moral, se doit à lui-même d'observer. Il ne peut, sans porter atteinte à sa dignité, manquer de franchise, d'équité, de loyauté, de délicatesse et d'exactitude.

L'hypocrisie, la dissimulation, la restriction mentale, l'oubli des promesses sont des défauts qui avilissent ceux qui s'y laissent entraîner et excitent le ressentiment de leurs victimes. De même, le mensonge est un mal sérieux lorsqu'il est fait pour nuire, pour être désagréable et même lorsqu'il est sans objet vis-à-vis des autres. S'il a pour but d'éviter une soufrance grave et imméritée à autrui, le bon sens l'accepte; cependant, le mieux est de s'en abstenir avec soin.

Nous aurons, d'ailleurs, à revenir sur ces questions en examinant la morale sociale à laquelle la morale individuelle sert de point d'appui, l'une ou l'autre ne pouvant subsister isolément.

RÉSUMÉ

La morale individuelle est l'ensemble des devoirs de l'homme envers lui-même; elle est contenue dans ce précepte : cultiver et respecter la dignité humaine, protéger et développer le corps. C'est en soumettant ses passions à la volonté, en perfectionnant son intelligence et sa sensibilité que l'homme atteint tout son développement moral, que son jugement et sa raison se forment. Les vertus correspondantes aux facultés peuvent suivant la classification des anciens, se répartir en trois groupes : la prudence, le courage et la tempérance.

La prudence ou sagesse veut l'instruction et rejette l'ignorance.

Le courage dirige l'intelligence et la sensibilité vers le bien; il prend diverses formes, et, parmi les plus nobles, celle du travail.

La tempérance règle nos penchants, épure nos mœurs; elle ordonne la modestie et la tolérance, vertus auxquelles sont opposés des vices funestes, l'orgueil, le fanatisme; la tempérance commande le désintéressement, admet l'économie, repousse l'avarice, le jeu, le gain immodéré. Enfin, le respect de la vérité et de la parole donnée sont les compléments indispensables de toute éducation rationnelle. Les vertus individuelles ornent et amplifien l'existence; c'est en les acquérant que chacun trouve en soi-même les inspirations nécessaires au bon accomplissement de ses devoirs vis-à-vis de sa famille, de sa Patrie et de l'Humanité. Le perfectionnement individuel est la base fondamentale de tout progrès matériel et moral.

QUESTIONNAIRE

Qu'est-ce que la morale individuelle? Formulez un précepte général? Comment se divisent les devoirs de l'homme envers lui-même? Quelles sont les facultés qu'il s'agit de diriger? Pourquoi doit-on les cultiver? Pouvez-vous grouper les vertus individuelles? Qu'est-ce que la prudence? Pourquoi faut-il s'instruire? Qu'est-ce que le courage? Quelles sont ses différentes formes? Faut-il travailler? Pourquoi? Qu'est-ce que la tempérance? Quelles vertus se rattachent au groupe de la tempérance? Quels vices condamne-t-elle? Pouvez-vous définir la franchise, l'équité, la loyauté, la délicatesse? Que pensez vous de l'hypocrisie, du mensonge? Dites l'utilité des vertus individuelles?

CHAPITRE V

Devoirs relatifs au corps.

SOMMAIRE

L'organisation physique. — Conservation de la santé. — Le suicide. — Hygiène. — La propreté. — La tempérance. — La gymnastique. — Subordination du bien physique au bien moral et dévouement. — Résumé. — Questionnaire.

L'organisation physique. — L'organisation physique a une influence très grande sur les actes de la vie. Il faut en tirer le meilleur parti possible à cause de l'aide qu'elle apporte à la direction de nos facultés vers le bien. Aussi, la conservation et le développement du corps sont des principes élémentaires de morale individuelle.

On retiendra cependant que la satisfaction des besoins matériels ne doit avoir d'autre but que d'entretenir la vie normale, de rendre possible le bonheur intellectuel compatible avec les facultés de chacun.

Les besoins du corps, doivent dès lors, être modérés, contenus dans de sages limites et c'est, d'ailleurs, un fait d'expérience que l'abus des plaisirs ruine plus vite la santé que l'excès de travail.

Conservation de la santé. — Il est inutile d'insister beaucoup sur la recommandation de soigner sa santé. Elle est indispensable au libre exercice de l'intelligence[1]; elle est aussi la condition première du travail; c'est ce que Franklin * a exprimé par ce conseil : « Soigne ta santé, c'est ton meilleur outil. »

Le suicide. — Le suicide est un acte injuste et immoral que la conscience repousse. Si, parfois, on peut invoquer en sa faveur les circonstances atténuantes d'une situation exceptionnelle, il n'est, le plus souvent, que la conséquence de fautes antérieures, faciles à éviter en contractant de bonnes habitudes morales, en surveillant, en dominant ses passions.

Hygiène. — Par l'hygiène * la santé se maintient dans notre lutte constante contre les forces de la nature, l'inclémence des saisons, etc.

1. Le vieil aphorisme « mens sana in corpore sano » est toujours vrai.

Les premiers soins d'hygiène sont la Propreté et la Tempérance.

La Propreté. — Maintenir dans un état constant de propreté sa personne, ses vêtements, ses outils, ses objets usuels, sa demeure, sont des obligations essentielles imposées à chacun par le sens commun, le souci de la dignité personnelle, de la santé, de l'hygiène générale. Il importe peu qu'on ait des habits usés ou neufs, qu'on soit bien ou mal mis (encore mieux vaux la simplicité que la recherche), et ce sont là question de goût ou de position, mais en dehors des justes nécessités du travail, on n'a pas le droit d'être malpropre : il faut tenir pour de véritables aberrations* les théories contraires

La Tempérance. — Une vie réglée donne à l'esprit un calme précieux et c'est par elle qu'un homme, même débile, peut arriver à la vieillesse, plus sûrement qu'un autre, parfaitement constitué, mais qui vit dans le désordre, dans l'intempérance.

A l'égard des plaisirs du corps, la tempérance devient la modération, la sobriété, la bonne conduite. Les vices opposés sont la gourmandise, l'ivrognerie et la débauche. L'ivrognerie est une des grandes plaies de la société ; elle conduit à la misère et à l'abrutissement.

De la tempérance, dépendent la santé, la dignité et le bonheur de l'individu, et, par une conséquence nécessaire, celui des familles et de la société.

La Gymnastique. — Au devoir de conserver notre corps se joint celui de l'exercer. C'est par la gymnastique qu'on y parvient. On contracte, par les exercices corporels, l'habitude de ne pas craindre mal à propos pour sa vie; on se prépare à devenir utile dans les circonstances périlleuses et décisives, on se rend apte à concourir efficacement à la défense de la patrie dont on accroit ainsi la force et l'indépendance.

Subordination du bien physique au bien moral et Dévouement. — La conservation de la vie est une tendance naturelle qui doit cependant être contenue dans de justes limites. Il faut s'habituer à l'idée de faire le sacrifice de son existence si le bien public vient à l'éxiger.

Ce sacrifice peut résulter de nécessités professionnelles ; il n'est alors que la manifestation suprême du devoir. Ailleurs, il prend le nom de dévouement et devient digne d'admiration.

Le dévouement ne se manifeste pas seulement, par le sacrifice certain ou probable de la vie. Il prend les formes les plus diverses : soins assidus aux malades, aux blessés, aux vieillards, travaux pénibles pour autrui, recherches scientifiques, etc, mais, pour conserver son véritable caractère, il ne doit s'exercer que pour des causes utiles à la société et en conformité avec la morale.

RESUME

Les soins physiques, d'apparence purement individuels, ont souvent des conséquences qui atteignent la société; l'homme est donc tenu d'en prévoir les effets. Il doit conserver et développer son corps.

La morale condamne le suicide et commande l'entretien de la santé. L'hygiène trace, à cet effet, des règles de conduite dont les plus importantes sont la Propreté et la Tempérance.

La dignité personnelle, le souci de la santé des autres et de soi-même exigent une propreté constante.

La tempérance quant aux besoins du corps, c'est la sobriété, la bonne conduite. L'ivrognerie et la débauche sont les formes les plus grossières de la passion; elles rendent indigne de sa famille l'homme qui s'y abandonne; il devient souvent pour les siens une charge et une source de chagrin.

La gymnastique offre les ressources nécessaires au développement des organes; par elle, chacun peut se rendre utile dans les circonstances périlleuses.

Il faut conserver sa vie, sa santé, mais aussi, savoir en faire le sacrifice, si la défense de la Patrie, de l'ordre social ou de nos semblables vient à l'exiger.

Le dévouement, l'héroïsme, sont les plus belles manifestations de la morale, à la condition toutefois d'être en harmonie avec les besoins de la société.

QUESTIONNAIRE

Pourquoi y a-t-il des devoirs envers le corps? Quels sont-ils? Que pensez-vous du suicide? Comment se conserve la santé? Que recommande l'hygiène? Pourquoi la propreté? pourquoi la tempérance? Quest-ce que la tempérance à l'égard du corps? Quelles sont les vices opposés? Pourquoi et comment exerce-t-on le corps? Y a-t-il des cas où il faut exposer sa vie? Citez des exemples? Le dévouement est-il toujours moral?

LIVRE III

MORALE SOCIALE

CHAP. VI. Devoirs envers l'humanité. — CHAP. VII. Devoirs envers la famille. — CHAP. VIII. Devoirs envers la Patrie.

CHAPITRE VI

Devoirs envers l'humanité.

SOMMAIRE

La Morale sociale. — Ses Règles Générales. — Ses divisions. — Devoirs envers l'Humanité. — La Justice. — La Charité. — La Solidarité. — Résumé. — Questionnaire. —

La Morale sociale. — La Morale sociale est la partie de la science morale qui traite des rapports[1] de l'homme avec ses semblables. Elle a pour but de concilier les besoins individuels avec ceux qui résultent de l'organisation sociale. C'est elle qui forme l'homme complet, l'homme sociable, en développant

1. Nous disons « rapports » et non devoirs, parce que, dans notre conception de la morale sociale et grâce à l'idée de réciprocité, le devoir se confond avec le droit. Sous cette réserve, nous intitulons les chap. « devoirs » pour nous conformer aux habitudes généralement admises.

en lui ce qui constitue « l'humanité * » et le rend supérieur aux autres êtres.

Règles Générales. — Si divers que soient les rapports de l'homme avec ses semblables, on peut leur appliquer trois préceptes de conduite très simples :

Ne faites pas aux autres ce que vous ne voudriez pas qu'on vous fît.

Faites aux autres ce que vous voudriez qu'on vous fît.

Aidez-vous mutuellement.

Les deux premiers sont l'application de deux vertus essentielles à la vie sociale : la Justice et la Charité ; le dernier résulte d'une règle de mutualité féconde : la solidarité.

Ces préceptes étaient déjà formulés dans les écrits des sages de l'Inde qui remontent à près de 30 siècles[1], et on les retrouve dans les documents de l'ancienne Égypte, d'âges plus éloignés encore[2].

Les divisions de la Morale sociale. — Des rapports de l'homme avec ses semblables naissent des vertus, des droits, des devoirs, des idées, qui s'engendrent, se mêlent et qu'on ne peut isoler. Cependant, pour étudier ces rapports, il a fallu faire une classification théorique, tendancielle, et les devoirs de l'homme dans la société se divisent suivant qu'ils s'exercent envers l'Humanité entière, la Famille ou la Patrie.

Devoirs envers l'Humanité. — Les devoirs envers l'Humanité sont obligatoires vis-à-vis de tous les hom-

1. Le sage chinois Khoung-tseu, plus connu sous le nom de Confucius, né en 551 avant notre ère, a écrit littéralement « Il faut aimer son prochain comme soi-même ».

2. Le chap. CXXV du « Livre des Morts », très ancien document du Musée égyptien du Louvre, énumère des applications précises et nombreuses des préceptes de Justice et de Charité.

mes, sans distinction d'origine de nationalité, de race, de religion. La civilisation n'admet pas d'exception.

Ces devoirs résultent de l'application immédiate des principes de justice, de charité, de solidarité auxquels nous allons consacrer un examen rapide.

La Justice. — L'idée de Justice est née des rapports de l'individu avec l'ensemble des autres individus; son épuration est l'œuvre des siècles, sa fonction est de permettre la satisfaction de tout besoin individuel compatible avec l'ensemble des besoins généraux.

Les devoirs de justice consistent à nous interdire tout ce qui peut nuire aux autres hommes, à ne pas porter atteinte à la vie de nos semblables, à leur liberté physique ou morale, à leur propriété, à leur dignité (honneur, réputation).

En d'autres termes, la justice, vertu négative, est le respect des droits des autres.

Respect de la vie d'autrui. Exceptions. — Un des premiers devoirs de justice, c'est de respecter la personne d'autrui puisque nous voulons que la notre soit respectée.

Le crime le plus grave est d'attenter à la vie de son prochain; il prend le nom de meurtre ou homicide lorsqu'il n'a pas été préparé, d'assassinat lorsqu'il a été prémédité par jalousie, haine, cupidité, etc. Il s'appelle, sous ses formes les plus hideuses, *infanticide*, *fratricide*, ou *parricide*, suivant le cas.

Ces crimes sont tellement atroces que la plupart du temps on se demande s'ils ne sont pas des actes de démence. La brutalité, les coups et les menaces sont autant de manquement au respect dû à la personne d'autrui. L'homme pour l'homme doit être sacré.

Il faut en excepter cependant le cas appelé « de légitime défense»; dans cette hypothèse, le coupable, c'est l'agresseur. Signalons aussi celui de « guerre » qui est une nécessité douloureuse pour un peuple attaqué injustement. Encore, ne doit-on faire à l'ennemi que le mal nécessaire pour recouvrer la sécurité, assurer l'indépendance et l'intégrité du territoire.

La morale commande d'adoucir les maux de la guerre en ne maltraitant pas les prisonniers et en donnant des soins aux blessés.

Le duel, vestige d'une barbarie ancienne qui date du temps ou l'on se faisait justice soi-même, devrait être sévèrement prohibé. Dans l'état de nos mœurs, il est certainement une faute, toutes les fois que le dommage est prévu et réprimé par la loi, aussi doit-on prendre pour règle de ne provoquer personnne, mais lorsqu'on a le tort pour soi, on ne peut se refuser à ce qu'on appelle « la réparation par les armes ». La peine de mort donne lieu à des discussions délicates; il faut espérer qu'un jour viendra où là société se refusera à verser le sang par représailles et que cette peine sera définitivement rayée de nos divers codes.

Respect de la liberté individuelle. — Après la vie, des autres hommes, la justice nous oblige à respecter leur liberté. C'est pourquoi tous les peuples arrivés à un degré suffisant de civilisation ont rénoncé à l'esclavage*, et la Révolution Française a fait disparaître, en 1789, les derniers restes du servage qui n'en était qu'une forme atténuée.

Tous les hommes doivent pouvoir circuler librement, habiter la ville, le village qui leur plait, travailler où et comme il leur convient, sous les seules restrictions apportées par les lois positives dans l'intérêt général[1].

Nous devons également respecter l'honneur et la réputation d'autrui; les attaques calomnieuses, le dénigrement peuvent porter de sérieux préjudices et sont sévèrement jugés par les honnêtes gens.

On n'est pas quitte vis-à-vis des autres lorsqu'on ne les a ni empêché de circuler ou de travailler, ni frappés, ni calomniés. Il faut encore respecter leurs opinions, leurs croyances. Ne pas supporter qu'ils les expriment librement, chercher à leur en imposer d'autres par la force, c'est l'intolérance, véritable fléau social qui a conduit aux massacres de l'Inquisition, de la Saint-Barthélémy, aux Dragonnades. Enfin, il est mal de railler les sentiments, les affections des autres, de les froisser par des manières grossières.

La politesse et le savoir-vivre sont les formes extérieures de la morale sociale; la politesse se compose d'un grand nombre de règles, d'usages conventionnels auxquels il faut généralement se conformer, ceux qui les enfreignent sont les premiers à en souffrir en raison de la déconsidération qu'ils attirent sur eux.

1. Voir droit civil page 119 et économie sociale page 139.

Respect de la propriété. — La propriété est un des plus puissants mobiles de l'activité humaine ; elle est la juste et nécessaire récompense du travail[1]. Tout travailleur a droit à la paisible jouissance du produit de son activité. Il en est de même de ceux qui ont acquis la propriété par achat, par échange ou par don.

Les vices qui portent atteinte à la propriété sont le vol, le rapt et le pillage.

Lorsqu'il s'agit du bien d'autrui, la probité doit être poussée jusqu'à la délicatesse et le droit légal exigé seulement avec équité.

La Charité. — La Justice ne suffit pas pour servir de base à l'ordre social. Il lui faut un auxiliaire : la Charité*.

La Charité dont il s'agit ici, c'est l'amour du prochain, l'ensemble des sentiments affectifs pour les autres hommes. Elle se manifeste par le désintéressement, la générosité, la bienveillance et la reconnaissance.

Il est difficile de déterminer avec précision les devoirs de charité, parce qu'ils sont basés sur un sentiment, l'amour du bien, souvent capricieux et variable. C'est l'amour du bien qui nous trace des devoirs, même à l'égard des animaux. Nous devons les traiter avec douceur et ne pas leur infliger de souffrances inutiles.

La cruauté vis-à-vis des êtres inférieurs, surtout des animaux domestiques, décèle une éducation grossière, un mauvais cœur.

1. Voir, notions d'économie sociale, p. 140, la définition de la propriété et les devoirs moraux qu'elle entraine.

La Solidarité. — La solidarité est un principe de mutualité qui donne des règles plus certaines. La solidarité implique des idées de Charité, de réciprocité, de justice et de progrès. On peut la définir « la conception raisonnée de la conformité de l'intérêt bien entendu de l'individu avec les intérêts collectifs d'un groupe social considérable et, dans certains cas, de l'humanité entière. » En effet, l'individu, c'est la cellule sociale et la société est composé des individus. Or si la justice est violée pour un seul de ses membres, on peut dire qu'elle l'est ou peut l'être pour tous ; il est donc de l'intérêt de tous de faire respecter le droit de chacun. La solidarité nous oblige à défendre nos semblables dans leur vie, leur liberté et leur honneur ; elle nous commande de suppléer à l'impuissance des lois pour les préserver de dommages ou pertes par un bon conseil et un bon appui ; enfin, elle nous ordonne de chercher à éteindre la misère.

La solidarité ne condamne pas l'aumône, mais nous enseigne qu'on ne doit l'envisager que comme un palliatif, utile seulement au cas d'urgence ou pour soulager des souffrances évidentes. L'aumône doit être pratiquée avec délicatesse, avec discernement ; sans ces précautions, elle abaisse, humilie et encourage un vice funeste, la mendicité.

La véritable bienfaisance solidariste consiste dans une sollicitude continue et intelligente des besoins d'autrui. Elle revêt le plus souvent la forme collective, hôpitaux, asiles, orphelinats, écoles, ateliers, caisses d'épargne, société de secours mutuels, institutions de prévoyances, sociétés coopératives, etc.

Devoirs professionnels. — En dehors de ces devoirs généraux, communs à tous, il y en a d'autres qui résultent de la situation particulière de chacun, ce sont les devoirs professionnels. Leur bon accomplissement est de rigueur. C'est ainsi que le médecin doit s'appliquer à bien soigner ses malades ; l'industriel, à exécuter avec régularité les travaux qui lui sont confiés ; l'ouvrier, à consacrer son temps à ceux dont il reçoit le salaire ; l'écolier, à bien profiter des enseignements qu'il reçoit, afin de devenir à son tour un homme utile, un honnête homme.

Il convient de remarquer que l'instruction est une condition essentielle du bon accomplissement des devoirs sociaux, car ils exigent, pour être compris, un certain nombre de connaissances élémentaires qui font l'objet de la 2e partie de ce volume.

La pratique consciencieuse des devoirs sociaux est la condition essentielle du bonheur humain, général et individuel.

RÉSUMÉ

La Morale sociale règle les rapports de l'homme avec ses semblables ; elle a pour but de concilier les besoins de l'individu avec ceux qui résultent de l'organisation sociale.

Les devoirs qui nous sont imposés par la morale sociale dérivent des idées de Justice, de Charité, de Solidarité ; ils se classifient suivant le groupement social dans lequel ils doivent s'exercer : la Famille, la Patrie, l'Humanité entière.

La Justice nous interdit tout attentat à la vie du prochain, sauf au cas de guerre* ou de légitime défense; elle nous entraîne à condamner l'usage du duel et l'application de la peine de mort.

Nous devons respecter les autres, non seulement dans leur vie, mais dans leur liberté physique et morale. Nous devons nous montrer tolérants pour leurs opinions, leurs croyances et agir avec politesse.

Le respect de nos semblables s'étend aussi à leurs biens. Il nous interdit formellement le vol et nous oblige à pousser la probité jusqu'à la délicatesse. Enfin, nous devons tempérer par l'équité ce que l'exercice légal de nos droits pourrait avoir de rigoureux.

Tandis que la Justice nous commande l'abstention, la Charité nous ordonne d'agir, de faire le bien à l'égard de tous les êtres.

La Charité ou Amour illimité du prochain se manifeste par le désintéressement, la générosité, la bienvaillance et la reconnaissance. Ces devoirs se complètent et s'éclairent par la solidarité. On peut définir la solidarité : la conception raisonnée de la conformité de l'intérêt de l'individu avec celui du groupe social dont il fait partie et même de l'Humanité entière.

Aux devoirs généraux s'ajoutent les devoirs profesionnels ou dérivés de la situation particulière de chacun; c'est ainsi que l'écolier doit s'appliquer à profiter des enseignements qu'il reçoit. La morale qui est une science reste incomplète et obscure pour ceux dont l'instruction n'est pas assez avancée. L'accomplissement des devoirs sociaux augmente le bien-être moral et matériel et, par là, contribue au bonheur général.

QUESTIONNAIRE

Qu'est-ce que la morale sociale? Quel est son but? Quelles sont ses règles générales? Dans quels groupes s'exerce-t-elle?

Qu'est-ce que la Justice? Que nous interdit-elle? Que pensez-vous de la guerre? du duel? de la peine de mort? En quoi consiste le respect de la liberté d'autrui? Qu'est-ce que l'intolérance? La politesse? Pourquoi faut il respecter la propriété d'autrui? Qu'est-ce que la charité? Par quelles vertus se manifeste-t-elle? En quoi consiste la solidarité? Qu'est-ce que l'aumône? quels sont ses effets? Comment s'exerce la solidarité? Y a-t-il des devoirs qui dérivent de la profession de chacun? Pourquoi faut-t-il accomplir ses devoirs sociaux?

CHAPITRE VII

Devoirs envers la Famille.

SOMMAIRE

La famille. — Son organisation. — Devoirs des parents. — Devoirs des enfants. — La camaraderie et l'Amitié. — Résumé. — Questionnaire.

La famille. — Le seul état dans lequel nous puissions naître et vivre, développer nos facultés, acquérir les sentiments moraux, c'est la société, et le premier degré ou la première forme de la société, c'est la famille.

Par ce mot, on comprend le père, la mère, les enfants, les grand père et grand mère, les oncles, neveux et cousins.

Son organisation. — La famille ne peut se concevoir sans une communauté de vie et d'intérêts aussi complète que possible et cette communauté étroite donne naissance à des obligations spéciales. L'une des premières, c'est la culture de l'enfant, le développement de ses facultés physiques et morales.

Le droit pour l'enfant de parvenir à son entier développement ne peut être exercé par lui-même, par suite de sa faiblesse; il est conféré aux parents à cause de leur affection présumée; l'autorité des père et mère a donc, pour origine et pour limite, l'intérêt, le droit de l'enfant; elle s'exerce jusqu'à ce qu'il soit parvenu à l'âge de raison; elle est retirée aux indignes.

La conception de la famille était autrefois moins rationnelle*. Chez les anciens, l'enfant était la chose du père qui se trouvait investi du droit absolu d'en disposer à sa guise; il pouvait le délaisser, le vendre et même le tuer; avant la Révolution, le père avait encore le droit de le consacrer à telle ou telle profession; enfin, les enfants n'avaient pas une part égale dans ses biens.

Aujourd'hui, la société intervient pour protéger les enfants contre les caprices, les mauvais traitement des parents, pour leur assurer entre eux des droits égaux, pour veiller à ce qu'ils reçoivent l'instruction primaire.

Devoirs des parents. — Les parents doivent élever en commun leurs enfants. Ils leurs doivent non-seulement les soins matériels et hygiéniques (logement, habillement, nourriture) mais aussi l'éducation* intellectuelle et morale, par l'instruction, les conseils et l'exemple.

Les parents ont pour devoir d'exiger de leurs enfants l'obéissance, sans faiblesse, mais sans dureté;

de leur inspirer l'amour du travail ; de leur faire contracter de bonnes habitudes ; de développer leur intelligence ; de les guider dans le choix d'une profession, d'un métier.

Devoirs des enfants. — L'enfant doit à ses père et mère — ses guides naturels — l'obéissance aussi longtemps qu'il n'est pas apte à agir avec discernement. Comprend-il la portée de ses actions ? Il puise dans son cœur, dans son amour pour eux, la volonté de se conformer à leurs indications, de mettre à profit leur expérience. Par une très rare exception, aura-t-il à résister à de mauvais conseils, à des ordres contraires à la morale ? Il le fera avec fermeté, mais avec la plus complète déférence.

Les enfants doivent à leurs parents la reconnaissance à cause des soins qu'ils ont reçus, le respect, le dévouement, l'amour filial.

Ces sentiments ne se commandent pas, ils résultent d'une inclination naturelle et il suffit de penser à ce qu'on a reçu de ses parents pour les affectionner davantage. Les frères et sœurs doivent se protéger, se consoler ; ils doivent éviter soigneusement l'égoïsme, l'impatience, la jalousie. Vis-à-vis de leurs éducateurs et instituteurs qui forment comme une seconde famille, les enfants doivent, en tout temps et en tout lieu, l'obéissance, le respect, la reconnaissance et l'affection. Après les relations de famille viennent les relations d'amitié.

La camaraderie et l'amitié. — La camaraderie, c'est l'échange de bons égards et le commencement de l'amitié.

Elle résulte souvent de la vie commune et de l'habitude.

L'amitié, c'est l'ensemble des sentiments bienveillants qui naissent soit de la sympathie, soit d'un concours de circonstances. Aristote* distingue entre l'amitié de vertu et l'amitié d'intérêt et de plaisir, mais ces dernières ne sont que des altérations de l'amitié de vertu, qui peut exister partout ou il y a associations d'intérêts ou d'affections. L'amitié occupe une place importante dans la vie qu'elle embellit et complète, mais elle exige la confiance réciproque, la bienveillance active, pratique, et l'estime; le temps est un de ses éléments essentiels; aussi devons nous des égards particuliers aux amis de la famille, aux vieux amis. Il faut choisir ses amis avec soin, les choisir bons et honnêtes parce qu' « on prend l'empreinte les uns des autres ».

RÉSUMÉ

La famille est la première forme de la société; elle implique une communauté de vie et d'intérêts, de rapports étroits et constants d'où naissent des devoirs spéciaux. L'un des premiers, c'est l'éducation de l'enfant; c'est là l'origine de l'autorité des père et mère; elle s'exerce dans l'intérêt de l'enfant jusqu'à ce qu'il soit parvenu à l'âge de raison.

La conception de la famille ancienne était différente; le pouvoir du père y était absolu; maintenant l'enfant est considéré comme une personne — et non la chose du père — et la loi intervient lorsque son développement physique ou moral est compromis.

Les parents doivent les soins matériels et l'éducation aux enfants ; ils sont tenus d'exiger d'eux l'obéissance et l'application au travail. L'enfant doit l'obéissance parce qu'il n'est pas apte à se diriger lui-même ; il doit, en outre, la reconnaissance, le respect, le dévouement. C'est en pensant à ce qu'on a reçu de ses parents qu'on comprend combien il faut les aimer. Les frères et sœurs se doivent un appui réciproque, constant. Ces sentiments d'obéissance, de respect, de reconnaissance, d'affection se retrouveront aussi à l'égard des éducateurs ou instituteurs.

Après les relations de famille viennent les relations d'amitié dont la camaraderie est la première ébauche.

L'amitié occupe une place importante dans la vie ; elle exige la confiance réciproque, l'estime, une bienveillance agissante. Il faut choisir ses amis avec soin ; le choix des relations, des amis a toujours une influence heureuse ou néfaste sur l'avenir de chacun.

Les devoirs envers la famille naissent avant ceux relatifs à l'humanité et à la patrie, mais ils doivent s'effacer devant ces derniers s'ils viennent à se trouver en opposition avec eux.

QUESTIONNAIRE

Qu'est-ce que la famille ? De quelles personnes se compose-t-elle ? Pourquoi l'autorité des père et mère ? Comment était constituée la famille autrefois ? Comment l'est-elle aujourd'hui ? Quels sont les principaux devoirs des parents ? Des enfants ? Pourquoi les enfants doivent-ils obéir ? L'enfant a-t-il des devoirs particuliers vis-à-vis de ses frères et sœurs ? De ses instituteurs ou professeurs ? Qu'est-ce que l'amitié ? Pourquoi faut-il bien choisir ses amis ? Les devoirs envers la famille doivent-ils s'effacer devant des devoirs plus généraux ? Pouvez vous citer un exemple ?

CHAPITRE VIII

Devoirs envers la Patrie.

§ I

NOTIONS ET OBLIGATIONS GÉNÉRALES

SOMMAIRE

La patrie. — Education du patriotisme. — Amour et respect de la patrie. — Le cosmopolitisme. — Le chauvinisme. — Devoirs envers la patrie. — Sa défense. — Obéissance aux lois. — Résumé. — Questionnaire.

La Patrie. — La patrie est le pays où l'on est né, où l'on est élévé et instruit, la Nation * dont on fait partie, l'association politique et civile qui renferme sa famille, ses amis et soi-même.

C'est la grande et principale famille qu'il faut aimer, à cause de sa gloire, de ses monuments, de ses souvenirs, du travail des ancêtres accumulé sur son sol.

Il faut l'aimer à cause des services qu'elle rend; de la liberté et de la sécurité qu'elle procure à ses membres; des traditions et des mœurs qui établissent des rapports d'amitié et de sympathie entre les habitants de la même contrée; de la communauté d'intérêts et de sentiments qui existent entre eux.

La patrie est donc à la fois matérielle et morale.

Education du patriotisme. — On apprend à aimer sa Patrie en étudiant l'histoire nationale ; on doit la servir et le plus grand crime que l'on puisse commettre c'est de la trahir.

L'idée de Patrie est inséparable de celle de la vertu et du bien ; il paraît impossible d'être partout et toujours un bon patriote sans cette éducation morale qui porte à accomplir ses devoirs sociaux avec dévouement. Ainsi, on doit voir dans la Patrie non seulement « la mère commune » mais encore l'institutrice de la vertu, l'initiatrice féconde des grands progrès de l'humanité.

Respect de la patrie. — L'homme reçoit beaucoup plus de services de sa Patrie que de sa famille ; aussi ses devoirs envers elle sont ils plus grands. Socrate* s'exprimait ainsi à ce sujet :

« La patrie a plus de droits et de respects à nos « hommages qu'un père, qu'une mère et que tous les « aïeux. Il faut respecter la patrie, même dans sa « colère ; avoir pour elle plus de soumission et « d'égards que pour un père ; il faut obéir à ses « ordres, souffrir sans murmurer tout ce qu'elle « commande de souffrir, fût-ce d'être battu ou chargé « de chaînes. Si elle nous envoie à la guerre pour « y être blessés ou tués, il faut y aller ; le devoir est « là ; il n'est permis ni de reculer, ni de lâcher pied, « ni de quitter son poste. Sur le champ de bataille, « devant le Tribunal, partout, il faut faire ce que veux « la République, ou employer auprès d'elle pour la « fléchir les moyens que la loi accorde. Enfin, si c'est « une impiété de faire violence à un père, à une mère,

« c'en est une bien plus grande de faire violence à la « Patrie[1]. »

Le Cosmopolitisme. — Le cosmopolitisme dont l'internationalisme est une des transformations, exaltant la doctrine de la solidarité universelle, prêche la suppression des frontières, le désarmement général, l'union des peuples, le tout au nom de l'Humanité.

Ce sont là de nobles sentiments, mais avant d'en poursuivre l'application chez nous, la prudence la plus élémentaire commande aux novateurs d'y rallier, au préalable, les Etats voisins.

D'autre part, c'est un fait observé qu'on affaiblit ses affections en les généralisant.

Le cosmopolitisme ne nous impose aucun devoir positif vis-à-vis d'hommes éloignés, n'ayant ni nos sentiments ni nos besoins, pour lesquels nous ne pouvons rien ; par contre, il nous relève de toute obligation à l'égard de ceux qui font partie de notre cercle social, de notre patrie.

Le plus sûr moyen, à l'heure présente, d'aider au progrès de l'humanité, c'est de contribuer d'abord au bien de la Patrie, de la défendre en cas de danger. L'indépendance nationale qu'il faut assurer est la garantie de la liberté et de la dignité de chacun de nous ; sans cette indépendance, il ne nous serait pas possible d'exercer une influence efficace sur la marche de la civilisation.

Le Chauvinisme. — Sans doute, le patriotisme a eu quelquefois ses erreurs et même ses crimes, par

[1] Platon : Criton p. 148 traduction de M. Victor Cousin.

exemple, la guerre, lorsqu'elle est injuste, mais ce sont là des défaillances des peuples, défaillances que le régime démocratique a surtout pour but d'éviter. Tout en aimant notre patrie, il faut nous garder de tomber dans le chauvinisme, sorte de vanité ridicule, d'illusion naïve, qui nous porte à croire que notre nation est la première du monde. Le chauvinisme peut égarer l'opinion générale et, par là, pousser la nation à s'engager dans de hasardeuses entreprises, l'exposer à de grandes calamités.

Devoirs envers la Patrie. — Il ne suffit pas d'aimer sa Patrie, il est indispensable encore de contribuer à son développement, à sa prospérité. On doit la respecter et la servir.

En France, il faut de plus conformer ses actions à la devise nationale : Liberté, Égalité, Fraternité, devise qui fait partie intégrante de la Patrie morale.

Les citoyens, les fonctionnaires, les magistrats ont vis-à-vis de la Patrie des devoirs particuliers qui seront examinés dans la partie de ce volume qui traite de l'instruction civique. Mais la Patrie exige de tous les Français sans distinction d'âge, de sexe, d'opinions, de croyances, de profession, la coopération à sa défense, et l'obéissance aux lois.

La défense de la Patrie. — Les Français du sexe masculin doivent le service militaire dès l'âge de 20 ans ; des lois spéciales permettent même des engagements volontaires avant cet âge.

Le service militaire se prolonge, tant dans l'armée active que dans la réserve et la territoriale, jusqu'à 45 ans.

Les femmes peuvent, dans une mesure restreinte, il est vrai, mais encore appréciable, concourir à la défense de la Patrie : en temps de guerre en soignant les blessés, en temps de paix en donnant une éducation rationnelle à leurs enfants, à toute époque, en n'amollissant pas le courage des hommes par une attitude sans fermeté ou de condamnables supplications. Les enfants doivent se préparer à la défense nationale par l'apprentissage des vertus militaires et, si les circonstances le permettent, par le maniement des armes.

Enfin, il n'est pas jusqu'aux vieillards qui, par leurs conseils, leur expérience, leur fermeté de caractère, ne puissent se rendre utiles.

Seuls sont exclus de l'honneur de combattre pour la Patrie, les criminels de toute catégorie.

Obéissance aux lois. — La loi tire son autorité de l'attachement que l'on a pour la Patrie en même temps que des principes inébranlables de la Vertu et de la Raison. Les lois sont, en effet, nécessaires à la stabilité sociale, à l'intérêt général et privé; elles sont, en quelque sorte, la consécration de la morale; enfin, chacun de nous, par l'exercice de ses droits de vote, de pétition, de réunion, par la parole et par la presse peut travailler à améliorer celles qui lui paraissent défectueuses ou qui ne répondent plus aux besoins du moment. Il faut se soumettre à la volonté du plus grand nombre lorsqu'elle est légalement exprimée. La force est la négation même du droit. On ne doit jamais y recourir pour imposer sa manière de voir. Enfin, en refusant d'obéir aux lois, on se trouve en état de rébellion ou d'insurrection.

Des circonstances rares et exceptionnellement graves ont pu cependant légitimer autrefois des soulèvements insurrectionnels ; il s'agissait alors de résister à l'oppression despotique, de recouvrer la liberté ; mais, sous un régime républicain, les appels à la force sont criminels et antipatriotiques !

RÉSUMÉ

La Patrie, c'est la grande famille qu'il faut aimer ; elle est à la fois matérielle et morale.

On apprend à aimer sa Patrie, en étudiant son histoire, en parcourant son sol, en visitant ses monuments ; il faut voir en elle le moteur des grands progrès de l'humanité.

L'homme reçoit plus de services de sa patrie que de sa famille ; aussi ses devoirs envers elle sont-ils plus grands.

Le cosmopolitisme — l'internationalisme en est une forme — prêche la suppression des frontières, le désarmement, l'union des peuples, etc. Ce sont là de beaux sentiments, mais c'est affaiblir nos affections que trop les généraliser et la prudence nous oblige à nous tenir sur la défensive, en vue de l'agression toujours possible des peuples voisins.

Concourir à l'indépendance nationale, tel est, à l'heure présente, le meilleur moyen d'assurer le progrès de la civilisation. Il faut nous garder d'un excès d'un autre genre, le chauvinisme qui est sorte de conception niaise et vaniteuse de la force de notre Patrie.

Il ne suffit pas d'aimer sa Patrie, il faut la servir, la respecter, c'est-à-dire coopérer à sa défense et obéir aux lois. Tous les Français peuvent défendre la Patrie, les hommes valides en portant les armes, les femmes en soignant les blessés, en ayant une attitude ferme dans les circonstances difficiles, les enfants en faisant l'apprentissage des vertus militaires, les vieillards, en aidant de leurs conseils, de leur expérience.

La Patrie exige l'obéissance aux lois[1]; ce respect des lois est d'autant plus juste que sous un régime républicain chaque citoyen peut aider à faire réformer celles qui lui paraissent imparfaites ou inutiles. Les appels à la force sont dès lors criminels et antipatriotiques.

QUESTIONNAIRE

Qu'est-ce que la Patrie? Pourquoi faut-il l'aimer? Comment peut-on apprendre à aimer la Patrie? Faut-il la respecter? Lui obéir? Comment? Que pensez-vous du cosmopolitisme? Quel est le meilleur moyen de coopérer au progrès général? Qu'est-ce que le chauvinisme? Quels sont les premiers devoirs envers la Patrie? Quelles sont les personnes qui sont appelées à sa défense? Pourquoi faut-il obéir aux lois? Que pensez-vous des appels à la force?

Devoirs envers la Patrie.

§ II

LA LIBERTÉ, L'ÉGALITÉ, LA FRATERNITÉ DANS LEURS RAPPORTS AVEC LE PATRIOTISME

SOMMAIRE

La devise nationale. — La liberté. — L'égalité. — La fraternité. Subordination de l'intérêt individuel à l'intérêt de la Patrie. — Résumé. — Questionnaire.

La devise nationale. — Nos autres devoirs envers la Patrie sont condensés dans la devise: « Liberté,

1. Parce que les lois sont nécessaires à la stabilité sociale, à la sécurité de tous.

Egalié, Fraternité ». Il faut, dès lors, s'appliquer à bien connaître la signification de ces différents termes, à posséder les idées que ces abstractions ont pour but de représenter, de symboliser.

La liberté. — La liberté * se subdivise, suivant le but envisagé, en liberté individuelle ou inviolabilité de la personne, des biens et du domicile, en liberté du travail, d'association, de la pensée, de la presse.

Ces libertés sont communes à tout le monde, ce qui implique le devoir de laisser chacun en profiter. La liberté des uns commence où finit celle des autres. Il faut respecter la liberté d'autrui dans ses manifestations intellectuelles, se montrer tolérant en se rappelant que nous ne pouvons, tous, avoir le même avis.

Sous le régime démocratique, l'insurrection, nous l'avons dit, n'est jamais permise ; il ne reste que la libre discussion et le bulletin de vote pour substituer à une loi devenue insuffisante une loi supposée meilleure ; il faut donc une liberté complète de penser et une liberté complète d'exprimer sa pensée ; on ne peut assigner à ces libertés d'autres limites que la paix publique, l'existence de l'Etat, le respect de la dignité que les magistrats tirent de leurs fonctions ; le reste relève de la conscience.

L'Egalité. — L'égalité est un élément social conforme à l'idée de justice, complément nécessaire de la liberté.

Il s'agit bien moins ici de l'égalité des conditions et des fortunes qui dépendent le plus souvent de circonstances en dehors de la volonté de l'homme, que de l'égalité des devoirs et des droits devant la loi et les charges publiques; c'est l'égalité en ce qui concerne le paiement de l'impôt, le service militaire, l'instruction primaire, la justice, le suffrage universel, les fonctions publiques.

On sait que la naissance et la richesse sont des éléments sociaux fort utiles, mais, dans une société bien organisée, on doit toujours pouvoir y suppléer par le mérite personnel. L'idéal à poursuivre, celui dont on doit se rapprocher, c'est de ne conférer les charges et la puissance publique qu'à ceux qui paraissent être les meilleurs.

L'égalité n'empêche en rien les distinctions sociales fondées sur l'utilité commune et qui classent les hommes suivant les besoins généraux; toutefois, ces distinctions ne doivent être que le fruit légitime du travail et de l'intelligence.

On peut, sans doute, signaler encore bien des imperfections dans nos lois et dans nos mœurs, en ce qui concerne l'application de l'idée d'égalité, mais la République nous conduit progressivement vers un état meilleur.

La Fraternité. — Il ne suffit pas de réclamer la liberté et l'égalité; il faut encore vouloir le bien des autres; sans ce sentiment, l'égoïsme s'emparerait vite des esprits.

La fraternité sociale est, étendue à la nation, la sympathique bienveillance qui lie les membres d'une même famille. Cette fraternité oblige aux mesures nécessaires pour le soulagement matériel de ceux qui souffrent; elle est aussi intellectuelle et consiste à contribuer à l'amélioration morale de ses compatriotes, à n'avoir pour eux ni vanité méprisante, ni jalousie envieuse, à faire preuve, envers eux, d'une inaltérable bienveillance. Ainsi comprise, la fraternité franchit les frontières. La Constituante* n'a pas décrété les droits du citoyen français, mais proclamé les droits de l'Homme et cette manifestation a eu une influence universelle.

L'histoire nous apprend que le sentiment de Fraternité a passé de la famille à la cité, de la cité à la province, de la provinee à la nation; il est permis d'espérer, sans toutefois l'entrevoir encore, qu'un jour viendra où il dominera les relations des peuples entre eux.

Subordination de l'intérêt individuel à l'intérêt de la Patrie. — Le patriotisme exige, au nom de la fraternité, le sacrifice nécessaire d'une partie de notre liberté ou de nos biens et non pas seulement du superflu, et ce, pour atténuer les rigueurs des inégalités naturelles ou involontaires et des événements malheureux.

Le véritable patriote sait traduire en actes la devise nationale. Il sait que la contradiction entre le devoir et l'intérêt n'est le plus souvent qu'apparente. Il a appris à considérer les évènements dans leur ensemble, avant d'agir. Il a fait l'éducation de sa conscience; il s'efforce de subordonner son intérêt particulier à celui de la Patrie; il le sacrifie au besoin. Il a placé son bonheur dans l'accomplissement de son devoir; il a souci de sa dignité, de son honneur, en un mot, il aime sa Patrie!

RÉSUMÉ

La devise nationale « Liberté, Egalité, Fraternité » condense des idées étroitement liées avec le patriotisme.

La liberté se subdivise en inviolabilité de la personne, du domicile, des biens; en liberté de travail, d'association; en liberté de conscience, de la presse.

Ces libertés sont communes à tous; elles doivent être respectées dans leur manifestation; il ne peut y avoir, sur ce point, d'autres limites que celles imposées par la loi pour la garantie de la paix sociale et la sûreté de l'Etat; le surplus relève de la conscience.

L'égalité des droits et des devoirs, devant la loi et les charges publiques n'empêche en rien les distinctions sociales nécessaires pour l'utilité commune. Toutefois, ces distinctions ne doivent être accordées qu'aux plus travailleurs et aux plus intelligents.

La fraternité, c'est, étendue à la nation, la sympathique bienveillance qui lie les membres d'une même famille. Elle est à la fois matérielle et morale et, sous cette dernière forme, elle a eu, par la déclaration des droits de l'Homme, une influence universelle. Le développement de la fraternité est subordonné au progrès de la civilisation.

Le véritable patriote sait traduire en actes la devise nationale; il sait sacrifier son intérêt individuel au bien supérieur de la Patrie.

QUESTIONNAIRE

Quelle est la devise nationale? Quelles sont les divisions de la liberté? ses limites? Qu'est-ce que l'égalité? empêche-t-elle les distinctions sociales? Qu'est-ce que la fraternité? Comment se manifeste-t-elle? Peut-elle s'étendre encore? L'intérêt individuel doit-il céder devant l'intérêt de la Patrie? Pourquoi?

DEUXIÈME PARTIE

INSTRUCTION CIVIQUE

LIVRE IV

DROITS ET DEVOIRS CIVIQUES

CHAPITRE IX

Principes généraux.

§ I

LE DROIT ET LA SOUVERAINETÉ NATIONALE

SOMMAIRE

Instruction civique. — Le droit. — L'organisation de la société. — Le droit politique et le droit civil. — Origine du droit public. — Principes de 1789. — La souveraineté nationale. — Son exercice. — Ses agents. — Résumé. — Questionnaire.

Instruction Civique. — L'instruction civique a pour objet de compléter l'instruction morale par des connaissances plus précises, nécessaires pour l'exercice éclairé des droits et des devoirs dans la Société politique et civile. Elle comprend l'étude des notions élémentaires du droit positif et de l'économie sociale.

Le Droit. — Les principes d'équité admis par la conscience sont désignés sous le nom de droit moral, de droit naturel, pour les distinguer des régles établies par les pouvoirs sociaux et qui forment le droit positif.[1] Ce dernier devrait être la consécration, la conséquence du droit naturel. Il arrive cependant que les modifications de la législation ne suivent pas toujours d'assez près la transformation des besoins sociaux, le développement de l'idée du juste. Le droit positif qui comprend d'ailleurs une foule de règles de détails est donc de beaucoup plus perfectible et plus variable que le droit naturel, mais tous les efforts doivent tendre à l'en rapprocher; cette mission est confiée aux assemblées législatives.

L'organisation de la Société. Nous avons vu, en parlant de la Patrie, qu'elle est organisée non seulement pour la défense de ses membres contre les attaques de l'extérieur, mais encore pour le maintien de l'ordre à l'intérieur, pour garantir la liberté, assurer l'égalité, faire rendre la justice et pourvoir à l'instruction et à l'assistance.

Cette organisation résulte de l'ensemble des lois qui vient d'être désigné sous le nom de droit positif, lequel se subdivise, suivant son objet, en droit public ou politique et en droit privé ou civil[2].

Le droit politique et le droit civil. — Les droits politiques sont ceux qui permettent aux citoyens de

1. Le droit positif a pour sanction l'application d'une contrainte extérieure et physique.
2. Voir pour le droit pénal p. 96.

participer à l'exercice de la souveraineté nationale. Ils se résument, en général, dans l'aptitude légale d'élire ou d'être élu aux fonctions de l'ordre législatif, d'être appelé aux fonctions administratives ou judiciaires. Leur ensemble est désigné sous le nom de droit politique ou public par opposition au droit privé ou civil qui régit les rapports des particuliers entre eux.

Origine du droit public. — Les origines du droit public remontent en France à 1789. Au delà, on ne trouve qu'un assemblage informe de lois romaines et de coutumes* contradictoires. C'était le règne de l'arbitraire et du bon plaisir[1].

Sous le nom de principes de 1789, les idées qui ont servi de base au droit public actuel sont inscrites dans la Déclaration des Droits de l'homme et du citoyen qui sert de préambule à la Constitution de 1791. Cette déclaration présente un caractère exceptionnel et sublime dans l'histoire de la civilisation[2].

Principes de 1789. — La déclaration des droits de l'homme proclame la souveraineté du peuple et la séparation des pouvoirs, la responsabilité des agents du gouvernement, l'égalité civile, la sûreté et la liberté individuelle, la liberté de la presse, la liberté religieuse, les droits d'association et de réunion, l'indépendance et la gratuité de la justice; elle institue une force publique essentiellement obéissante et

1. Le droit ancien est un mélange de traditions celtiques et germaniques, de droit romain et de droit ecclésiastique.
2. Voir la déclaration des droits de l'homme p. 151.

établit le vote de l'impôt par les représentants de la nation.

La Souveraineté nationale. — Le principe de la souveraineté nationale est affirmé, en tête de la déclaration de 1789. Il est conforme à la justice et à la raison que la nation dirige elle-même ses propres affaires. De ce pouvoir de la Nation, découle le droit de désigner ses mandataires, de donner au gouvernement la direction qui lui convient. Ce pouvoir n'est cependant pas illimité. La nation ne peut l'abdiquer ni en abuser pour violer les autres droits primordiaux dérivés de l'idée du juste et de la nature de l'homme, comme, par exemple, la liberté individuelle, l'égalité civile. En violant ces droits qui font partie de notre patrimoine social, elle se mettrait en opposition manifeste avec les vérités scientifiques, elle ferait rétrograder la civilisation.

C'est par la culture des consciences, par l'éducation morale et civique qu'une semblable catastrophe peut être évitée.

Exercice de la souveraineté nationale. — La souveraineté nationale se manifeste par le droit de suffrage ou de vote qui, en France, appartient exclusivement aux citoyens. Ce droit de suffrage était conféré à l'origine à quelques privilégiés seulement. Avant la République de 1848, il était censitaire,* c'est-à-dire réservé à une catégorie de citoyens qui payaient une somme déterminée d'impôts. Il a pris le nom de suffrage universel parce que, depuis 1848, tous les Français majeurs, non frappés des incapacités ou exclusions prévues par la loi, sont appelés à voter directement pour la désignation de leurs représentants. Ainsi, les députés sont élus par le suffrage universel. Cependant, il a été conservé une application du suffrage restreint et à plusieurs degrés pour l'élection des représentants de la nation au Sénat.

Agents de la Souveraineté nationale. — L'exercice de la souveraineté nationale ne pouvant pas être pratiqué directement par chaque citoyen, à cause de difficultés multiples, est transféré à un certain nombre de représentants, de fonctionnaires, de magistrats. Les premiers font les lois : c'est le pouvoir législatif; les second font observer les lois par la nation entière : c'est le pouvoir exécutif; les derniers les appliquent à chaque cas particulier : c'est le pouvoir judiciaire.

La séparation des pouvoirs est la base essentielle de nos libertés publiques, car, pour tempérer le pouvoir, il n'est meilleur moyen que celui qui consiste à le diviser; de plus, la spécialisation est indispensable à la bonne gestion des affaires.

Des lois dites constitutionnelles répartissent l'exercice du pouvoir souverain entre des assemblées législatives et le Gouvernement et règlent les rapports de ces pouvoirs entre eux.

RÉSUMÉ

L'Instruction civique a pour objet de compléter les principes de conduite dictés par la morale; elle comprend des notions élémentaires de droit positif et d'économie sociale.

L'ensemble des règles établies par les pouvoirs sociaux prend le nom de droit positif.

Le droit positif se divise, suivant son objet, en droit public ou politique et en droit privé ou civil. Le droit public remonte en France en 1789.

Les principes du droit public, puisés eux-mêmes dans le droit moral, sont inscrits dans la Déclaration des droits de l'Homme.

Cette déclaration proclame la souveraineté du peuple et la séparation des pouvoirs.

La souveraineté de la nation est conforme à la justice et à la raison, mais elle n'est pas illimitée. La nation, si elle abdiquait ou abusait de sa souveraineté, méconnaîtrait les autres principes fondamentaux tels que liberté individuelle, l'égalité civile, et ferait ainsi subir un recul à la civilisation.

La souveraineté nationale se manifeste par le droit de suffrage. Le suffrage est dit universel parce que tous les Francais y participent ; il reste cependant une application du suffrage restreint pour l'élection du Sénat.

L'exercice de la souveraineté nationale, ne pouvant être pratiqué directement par chaque citoyen, est transféré à des représentants (législateurs, fonctionnaires et magistrats). Enfin, les lois constitutionnelles règlent les attributions et les rapports des différents pouvoirs entre eux.

QUESTIONNAIRE

Qu'est-ce que l'instruction civique ? Que comprend-elle ? Qu'est-ce que le droit naturel ? Le droit positif ? Pourquoi la société est-elle organisée ? Qu'est-ce que les droits politiques ? Les droits civils ? Quelles sont les origines du droit public ? Quels sont les principes généraux de 1789 ? Qu'est-ce que la souveraineté nationale ? Est-elle légitime ? Est-elle illimitée ? Qu'est-ce que le suffrage universel ? Le suffrage restreint ? Comment s'exerce la souveraineté nationale ? Quels sont les différents pouvoirs ? Pourquoi sont-ils séparés ?

§ II

La Constitution. — Le pouvoir législatif et le Gouvernement.

SOMMAIRE

La Constitution. — Le Sénat et la Chambre des députés. — Le Gouvernement. — Le Président de la République. — Les Ministres. — Leurs attributions. — Le Conseil d'Etat. — La Cour des Comptes. — Résumé. — Questionnaire.

La Constitution. — La Constitution est l'acte qui fixe la forme politique d'un gouvernement, d'une nation.

La France, la Suisse, les États Unis ont une Constitution républicaine, fondée sur les principes de la Souveraineté nationale et de la Séparation des Pouvoirs.

Les lois françaises dites « constitutionnelles » datent des 24, 25 février et 16 Juillet 1875.

Elles confèrent le pouvoir législatif à deux assemblées électives : le Sénat et la Chambre des députés, et le pouvoir exécutif à un Président de la République assisté de Ministres responsables[1]. Le Président de la République* délègue une partie de son pouvoir à différentes autorités, à certains corps constitués de l'ordre administratif et judiciaire.

Le Sénat et la Chambre des députés. — Le pouvoir législatif est réparti entre le Sénat et la Chambre des députés. Tandis que les députés sont élus pour 4 ans par le suffrage universel direct, tantôt au

1. C'est cette responsabilité politique qui forme le caractère distinctif du régime parlementaire.

scrutin de liste, tantôt au scrutin uninominal par arrondissement, les sénateurs sont élus par un corps spécial d'électeurs composé des députés du département, des conseillers généraux, des conseillers d'arrondissement et des délégués de chaque commune, nommés par le Conseil Municipal.

Le Sénat et la Chambre ont à peu près les mêmes attributions qui se résument dans la confection des lois.

Les lois votées par une des deux assemblées doivent être adoptées par l'autre pour devenir définitives.

Cependant, la loi de Finances est toujours présentée, en premier lieu, à la Chambre des députés; c'est elle aussi qui, par ses votes, guide le Président de la République dans le choix des Ministres.

D'autre part, le Sénat peut se constituer en haute Cour de Justice pour juger soit le Président de la République, soit les Ministres et pour connaître des attentats commis contre la sûreté de l'État.

Le Gouvernement. — L'État[1] ou mieux le Gouvernement peut être considéré comme une sorte de Conseil d'administration de la société civile et politique. Il doit se renfermer dans les limites qui lui sont tracées par la Constitution.

Les fonctionnaires qui le représentent plus particulièrement sont : le Président de la République, les Ministres, le Préfet dans le département, le

1. Ce mot a différentes acceptions. Il signifie, à la fois, la Nation organisée en Gouvernement et la Nation considérée comme personne morale pouvant posséder, acheter, vendre, plaider, etc.

maire dans la commune; il faut citer aussi le Conseil d'État et la Cour des Comptes.

Le Président de la République. — Le Chef du pouvoir exécutif qui prend le titre de Président de la République est nommé à cette haute magistrature pour 7 années, par les Membres du Sénat et de la Chambre des députés, réunis, pour la circonstance, en une seule assemblée, appelée Congrès.

Le Président de la République a des attributions variées. Il publie et promulgue la loi, il est tenu d'en assurer l'exécution, il a le droit de faire grâce, il dispose de la force armée, nomme à tous les emplois civils ou militaires, négocie ou ratifie les traités, préside aux solennités nationales. Notons spécialement qu'il ne peut déclarer la guerre sans l'approbation préalable et formelle des deux Chambres et qu'il n'est responsable que dans le cas de haute trahison.

Les Ministres. — Les Ministres sont choisis par le Président de la République; ils contresignent ses actes et engagent ainsi leur responsabilité. Dans les affaires importantes, ils se réunissent et délibèrent en Conseil des Ministres; enfin, chacun d'eux dirige une des grandes divisions de l'Administration publique dont voici la liste :

Intérieur; Guerre; Marine; Justice; Instruction publique; Travaux publics; Commerce; Agriculture; Colonies; Affaires étrangères; Finances. Il y a encore les services des Postes et Télégraphes, des Beaux Arts et des Cultes qui sont rattachés à l'un ou à l'autre des Ministères précédents.

Attributions des Ministres. — Nous ne jetterons ici qu'un coup d'œil rapide sur les attributions des Ministres, nous réservant de revenir dans un chapitre spécial sur celles qui nous paraissent mériter une étude plus approfondie.

Intérieur. — Le Ministre de l'Intérieur est chargé de l'administration du pays avec le concours de fonctionnaires placés dans les départements, en tête desquels il faut signaler les Préfets et sous-Préfets. Ce ministre est responsable de l'ordre, dispose de la police, surveille les hôpitaux et les prisons.

Guerre et Marine. — Le Ministre de la Guerre et le Ministre de la Marine dirigent, chacun en ce qui le concerne, l'organisation des armées de terre et de mer, nécessaires à la défense nationale ; le premier a aussi la direction de l'École de Saint-Cyr et de l'École polytechnique ; le second, celle de l'École Navale.

Justice. — La Justice est rendue par les juges de paix, les tribunaux civils et correctionnels, les Cours d'Appel, les Cours d'Assises et la Cour de Cassation. L'organisation des Cours et tribunaux dépend du Ministère de la Justice. Certains magistrats sont inamovibles.

Instruction publique. — Le Ministre de l'Instruction publique est à la tête des trois ordres de l'enseignement. Les écoles primaires, les collèges et lycées, les Facultés, les observatoires et les bibliothèques publiques sont placés sous sa haute direction.

Agriculture. — Commerce. — Travaux publics. — Ces trois ministères ont été longtemps réunis en un seul. Au premier, ressortissent les établissements agronomiques, fermes-écoles, écoles vétérinaires, la direction des haras et le grand service de l'administration des forêts. Au second, appartiennent l'étude et l'application des mesures intéressant l'industrie et le commerce. Enfin, du troisième dépendent les administrations des ponts et chaussées, des mines; c'est aussi au Ministère des travaux publics qu'incombe la police des usines, la surveillance des compagnies de chemin de fer et l'exploitation du Réseau de l'État.

Colonies. — Le ministre des colonies s'occupe de l'administration des possessions de la France dans les pays d'outre-mer, sauf, cependant, l'Algérie qui est divisée en 3 départements ressortissants du Ministère de l'Intérieur.

Affaires étrangères. — Le ministre des affaires étrangères s'occupe de nos relations avec tous les autres peuples; il a, sous ses ordres, le personnel diplomatique et consulaire.

Finances. — Le ministre des Finances est chargé de faire percevoir tous les impôts établis au profit de l'État; il dirige les opérations de Trésorerie, procède à l'établissement du budget, au paiement des dépenses des services publics, de la dette et des pensions. Enfin l'exploitation de certains monopoles et la gestion du domaine national lui sont confiées.

Postes et Télégraphes. — Beaux Arts et Cultes. — Ces grands services publics sont rattachés, suivant les besoins du moment, à l'un ou à l'autre des Ministères déjà désignés.

Le service des Postes et Télégraphes assure la transmission des lettres et télégrammes; on vient de lui adjoindre le service des téléphones; c'est en réalité un monopole d'État.

Le service des Beaux-Arts comprend la direction, l'administration des écoles de peinture, de sculpture, d'architecture, du conservatoire de musique et des théâtres nationaux. Le service des Cultes * comporte la nomination le paiement et la surveillance des prêtres des cultes reconnus en France, savoir : le culte catholique, le culte protestant (luthérien et calviniste), le culte israëlite. La direction des Cultes assure l'exécution du traité spécial passé, en 1802, par le Premier Consul Bonaparte avec le Pape, traité appelé Concordat *.

Le Conseil d'État. — Le Conseil d'État est une assemblée de hauts fonctionnaires appelée à donner son avis sur les projets de loi, les décrets et les règlements d'administration publique. Ce corps est aussi investi du pouvoir de juger définitivement les affaires contentieuses administratives.

La Cour des Comptes. — Les comptes des diverses administrations publiques sont soumis à la vérification d'une Cour spéciale, dite Cour des Comptes, qui examine si les revenus publics ont été encaissés conformément aux lois et si les dépenses sont justifiées et en concordance avec le budget. Les magistrats de la Cour des Comptes sont inamovibles.

RÉSUMÉ

La France a une constitution républicaine fondée sur les principes de la Souveraineté nationale et de la séparation des pouvoirs.

Les lois constitutionnelles votées en 1875 ont conféré : le pouvoir législatif, à deux assemblées électives : le Sénat et la Chambre des députés; le pouvoir exécutif à un Président de la République assisté de Ministres responsables.

Le Sénat et la Chambre des députés ont pour mission la confection des lois.

Le pouvoir exécutif ou le Gouvernement est représenté au sommet par le Président de la République et les Ministres; viennent ensuite le Préfet, dans le département; le Maire, dans la commune. Il faut citer aussi le Conseil d'Etat et la Cour des comptes.

Le Président de la République a, pour principales missions, la promulgation de la loi, le choix des Ministres, la signature des traités. Les Ministres dirigent, chacun, une des grandes divisions de l'Administration publique, savoir : Intérieur, Guerre, Marine, Justice, Instruction publique, Travaux publics, Commerce, Agriculture, Colonies, Affaires étrangères, Finances. Les services des Postes et Télégraphes, des Beaux Arts et des cultes sont rattachés à l'un ou à l'autre des Ministères précédents. Le conseil d'Etat donne son avis sur les projets de loi, décrets et règlements; il juge définitivement les affaires contentieuses administratives.

La Cour des Comptes vérifie les opérations des comptables et examine si les recettes et les dépenses sont effectuées conformément aux lois de finances.

QUESTIONNAIRE

Qu'est-ce que la Constitution? Quelles sont les lois constitutionnelles françaises? Comment ces lois ont-elles attribué les pouvoirs? Comment est réparti le pouvoir législatif? Quelles sont les attributions des deux Chambres? Qu'est-ce que le Gouvernement? Qui le représente? Quelles sont les attributions du Président de la République? Quels sont les différents Ministères? Quelles sont les attributions spéciales à chacun? Qu'est-ce que le Conseil d'Etat? La Cour des Comptes?

CHAPITRE X

Notions sur l'organisation administrative et judiciaire.

§ I

ORGANISATION UNIVERSITAIRE, MILITAIRE ET FINANCIÈRE

SOMMAIRE :

Les principaux services publics. — L'enseignement public. — Instruction primaire, secondaire, supérieure. — L'administration de l'enseignement public. — L'armée. — Divisions régionales. — La législation. — La Marine. — Défense des côtes. — La législation. — Les Finances. — Ressources de l'Etat. — Le Domaine national. — Les Impôts. — Les Impôts directs. — Les impôts indirects. — Les Impôts d'actes et de mutation. — Les Impôts de Consommation. — Les produits divers. — Contrôle et centralisation. — Le budget.

Les principaux services publics. — Les Ministres sont les premiers agents de l'administration active; leur autorité s'exerce par des arrêtés, des instructions, des ordres pour le fonctionnement des divers services publics; à chaque instant, nous rencontrons des agents qui leur sont subordonnés. Nous consacrerons une étude spéciale à l'organisation universitaire, militaire et financière, ainsi qu'à celle de la Justice, cet ensemble répondant aux besoins les plus généraux.

L'Enseignement public. — L'enseignement public, c'est-à-dire l'enseignement qui est donné dans les établissements dirigés et entretenus par l'Etat, comprend trois degrés: l'instruction primaire, l'instruction secondaire, l'instruction supérieure.

Instruction primaire. — L'instruction primaire est obligatoire; elle est gratuite dans les établissements de l'Etat. Elle est donnée dans les écoles dites salles d'asiles, écoles maternelles, écoles primaires, et dans les écoles normales primaires destinées à former les maîtres et maîtresses de l'enseignement élementaire.

Instruction secondaire. — Les établissements du second degré sont les lycées, les collèges communaux et les institutions privées ayant un programme d'études analogue à celui des lycées et collèges.

Instruction supérieure. — Les établissements d'enseignement supérieur sont notamment : les Facultés des lettres, de sciences, de droit, de médecine, de pharmacie, de théologie, le Collège de France, l'Ecole normale supérieure, l'Ecole centrale, l'Ecole nationale des Chartres, l'Ecole pratique des Hautes Etudes, l'Ecole des langues orientales vivantes, l'Ecole normale de Cluny, etc.

Administration de l'Enseignement public. — Au

Ministre de l'Instruction publique appartient la haute direction de l'enseignement. Il exerce son autorité soit directement, soit au moyen d'un Conseil supérieur et d'un Comité consultatif qui fonctionnent auprès de lui.

Sous le rapport de l'administration de l'enseignement public, la France se divise en 16 circonscriptions académiques (17 avec celle d'Alger). A la tête de chaque académie, se trouve un recteur ; à la tête de chaque faculté, un doyen ; dans chaque école supérieure, un directeur; dans chaque lycée, un proviseur; dans chaque collège, un principal.

Au chef-lieu d'académie, à côté du recteur, siège le Conseil Académique. Au chef-lieu du département, à côté du préfet, siège le conseil départemental.

Dans chaque département, un inspecteur d'Académie s'occupe, sous l'autorité et la direction du Recteur, des affaires concernant l'enseignement secondaire, et, sous l'autorité du Préfet, des affaires concernant l'instruction primaire. Les inspecteurs d'Académie sont secondés par des inspecteurs de l'instruction primaire.

Au dessus des inspecteurs d'Académie se trouvent des Inspecteurs Généraux qui sont appelés à renseigner directement le Ministre.

(B) ORGANISATION MILITAIRE DE LA FRANCE

Ministère de la Guerre. — L'armée est l'ensemble des citoyens désignés pour porter les armes et dont la réunion constitue la force de la Nation.

L'armée de terre est dans les attributions du Ministre de la Guerre; c'est lui qui doit assurer le recrutement, l'habillement, la nourriture, le logement, l'hygiène, la répartition, la concentration et l'armement des corps de troupes.

Il est secondé par des comités spéciaux, par le chef d'Etat-major et par les généraux appelés à exercer le commandement.

Les corps d'armée. — Au point de vue militaire, la France est divisée en 18 régions (19 avec l'Algérie). Chaque région comprend plusieurs départements et correspond à un corps d'armée.

A la tête de la région est placé un général de division qui a le titre de commandant en chef du corps d'armée.

La région est divisée en subdivision et chaque subdivision correspond à un régiment de l'armée active et à un régiment d'armée territoriale.

Un corps d'armée comprend 4 régiments d'infanterie, 2 régiments d'artillerie, 2 régiments de cavalerie, 1 bataillon du génie, l'escadron du train des équipages; il se complète par le Service de l'Intendance et des services administratifs et auxiliaires.

Le recrutement de l'armée de terre. — D'après la législation actuellement en vigueur, tout Français valide doit le service militaire personnel depuis 20 ans jusqu'à 45 ans, d'abord, dans l'armée active, ensuite, dans l'armée territoriale. Le recrutement de l'armée active se fait par voie de tirage au sort. Le Ministre de la guerre fixe, sur la liste du tirage au sort de chaque canton et proportionnellement, en commençant par les numéros les plus élevés, le nombre d'hommes à renvoyer dans leurs foyers en disponibilité, après leur 1re année de service, si leur conduite et leur instruction ne laissent pas à désirer. Les jeunes soldats qui font partie de la seconde portion du contingent donnent un service dit de 3 ans, mais qui se termine, en général, après les grandes manœuvres de la dernière année.

Ministère de la Marine. — Le Ministère de la Marine a pour mission de concourir à la défense militaire de la Nation, de protéger, sur le littoral* français et en mer, les citoyens français et leurs intérêts.

Il dispose, à cet effet, de l'armée navale et des troupes de la Marine. Il crée, répare, conserve, les bâtiments de guerre dans les ports militaires ou arsenaux placés sous le commandement en chef des vices-amiraux, préfets maritimes.

Le ministre de la Marine est secondé par des comités ou conseils spéciaux, par un état-major général et par des Inspecteurs généraux.

Défense des côtes. — Les côtes maritimes de la France sont divisées en 5 arrondissements maritimes ayant pour chefs-lieux les grands ports militaires : Cherbourg, Brest, Lorient, Rochefort et Toulon.

A la tête de chaque arrondissement est un Préfet Maritime, commandant en chef des services militaires et administratifs de la Marine. Il a, sous ses ordres, un major général qui a, lui-même, sous sa dépendance, les officiers et les troupes de la Marine, un major de la flotte, les directeurs et inspecteurs des divers services et, enfin, le Commissariat de la Marine qui a, pour l'armée de mer, des attributions analogues à celles de l'Intendance militaire pour l'armée de terre.

Le commandement en chef à la mer est confié à des vice-amiraux qui ont, eux-mêmes, sous leurs ordres, pour commander les vaisseaux d'escadre, les capitaines de frégates, les lieutenants de vaisseaux ainsi que d'autres officiers.

Le recrutement de l'armée de mer. — Le recrutement de l'armée de mer s'effectue par la mise à la disposition du Gouverneur des inscrits maritimes, c'est-à-dire des individus de 18 ans à 50 ans qui se livrent à la navigation et à la pêche maritime; les incrits bénéficient de certains avantages, mais ne peuvent se faire rayer des contrôles qu'en renonçant à leur profession; ils sont appelés à servir en temps de paix pendant trois ans.

(C) ORGANISATION FINANCIÈRE DE LA FRANCE

Les Finances. — Le Ministère des Finances comprend les services chargés de la conservation et de la gestion de la fortune publique, de l'exploitation de certains monopoles et du recouvrement des impôts.

Ressources de l'Etat. — Les ressources de l'Etat proviennent : 1° des revenus du domaine national; 2° d'impôts, monopoles et revenus divers.

Lorsque ces ressources sont insuffisantes, il faut recourir à l'emprunt.

Domaine national. — Le domaine national comprend : 1° le domaine public, c'est-à-dire les ponts, routes, canaux, fortifications, ports; 2° le domaine de l'Etat proprement dit, qui se compose d'immeubles, parmi lesquels il faut citer, en première ligne, les forêts, et du matériel et mobilier des établissements publics et palais nationaux.

Les Impôts. — Les impôts * sont établis et perçus en vertu des lois de finances; ils se divisent en impôts directs et impôts indirects.

Impôts directs. — On entend par impôt direct toute imposition qui est assise directement sur les personnes et sur les propriétés en vertu de rôles nominatifs établis par les agents de l'Administration des contributions directes.

On compte quatre espèces principales de contributions directes qui sont : la contribution foncière, la contribution des portes et fenêtres, la contribution personnelle et mobilière, la contribution des patentes.

Il y a encore quelques taxes assimilées, par exemple : les redevances sur les mines, les taxes sur les chevaux, voitures, etc.

Les taxes assimilées sont perçues, en majeure partie, au profit des départements et des communes.

On est averti que l'on a des impôts à payer par un avis du percepteur.

Impôts indirects. — Les impôts indirects se divisent : 1° en impôts * d'actes, de mutation * et de timbre : 2° en impôts de consommation.

Impôts d'actes, de mutation et de timbre. — Les impôts de cette catégorie sont perçus par les receveurs de l'Administration de l'Enregistrement, des domaines et du timbre sur les actes soumis à la formalité de l'Enregistrement, sur les transmissions de propriétés, entre vifs ou par décès. Le timbre est une marque apposée par l'Administration, moyennant un prix qui constitue l'impôt, sur le papier destiné à certains actes civils ou commerciaux désigrés par la loi.

Il faut citer encore les droits de greffe perçus par les greffiers des tribunaux et les droits d'hypothèques * perçus par un préposé spécial nommé conservateur.

Impôts de consommation. — Les impôts de consommation comprennent :

1° Les droits perçus par l'Administration des Douanes et qui frappent la plupart des matières premières et des objets manufacturés à l'entrée ou à leur sortie du territoire.

Les taxes de douanes sont établies tantôt dans un but fiscal, tantôt en vue de protéger certaines industries contre la concurrence étrangère.

2° Les droits établis à l'intérieur du territoire français sur les marchandises ou denrées, principalement sur les boissons, les sucres, les sels, le tabac, les poudres à feu, les allumettes[1], les voitures publiques, les cartes à jouer, les matières d'or et d'argent.

Ces taxes sont recouvrées par l'Administration des contributions indirectes.

3° Les droits d'octroi établis sur les matériaux,

1. La fabrication des tabacs, des allumettes et des poudres sont des monopoles exploités directement par l'Etat.

les combustibles et les comestibles; ces droits sont perçus au profit des communes et par leurs soins.

Produits divers. — En dehors des impôts et des revenus domaniaux, l'Etat retire des bénéfices de certains services publics : tels sont les produits des postes et télégraphes, ceux provenant de la fabrication des monnaies et médailles, les produits universitaires, les amendes, etc.

Centralisation et contrôle des opérations financières. — Les opérations de recettes et de dépenses sont centralisées : 1° à Paris, au Ministère des Finances même ; 2° dans les départements, par les Trésoriers Payeurs Généraux et les Receveurs particuliers des Finances qui encaissent les revenus publics recouvrés par les comptables des diverses administrations et acquittent les dépenses dûment mandatées.

Toutes ces opérations sont vérifiées par des fonctionnaires spéciaux, récapitulées par le service de la Comptabilité publique et finalement soumises au contrôle de la Cour des Comptes.

Le budget. — On appelle budget le tableau des recettes et des dépenses votées annuellement par les Chambres.

Les impôts nécessaires pour le budget de l'Etat, des départements et des communes s'élèvent à 4 milliards environ. L'ensemble des revenus de tous les Français étant évalués à 30 milliards, il semblerait plus logique de demander à chaque contribuable 14 0/0 de son revenu, plutôt que de recourir à des taxes multiples, arbitraires et dont la perception est onéreuse. Cette conception de l'impôt unique ne rencontre pas d'objections sérieuses en théorie, mais son application est rendue impossible par d'insurmontables difficultés. Aussi, tous les états civilisés ont eu recours aux impôts directs et indirects, surtout à ces derniers qui ont l'avantage de produire spontanément un rendement plus élevé par le simple développement des affaires et des consommations.

Les impôts indirects alimentent notre budget dans la proportion de 73 0/0; le reste — soit 27 0/0 est fourni par les impôts directs. Les impôts sont affectés aux dépenses du gouvernement comme suit :

au paiement de la dette et des pensions 44 0/0 ou 4/10
pour l'armée et la marine. . . . . . . 28 0/0 ou 3/10
pour tous les autres services publics . 28 0/0 ou 3/10

Ces proportions n'ont, bien entendu, rien d'immuable et ne résultent que de l'examen des tableaux budgétaires.

Le montant de tous les impôts perçus pour l'Etat, les départements et les communes (environ 4 milliards) correspond à une quotité de 105 francs par tête, mais après déduction des avances faites par l'Etat, comme industriel, (achat de matières premières pour les monopoles, dépenses d'exploitation des forêts, des postes et télégraphes, etc) cette quotité s'abaisse à 83 francs.[1]

Elle est encore plus élevée qu'en tout autre pays d'Europe. Aussi ne faut-il pas s'étonner des difficultés

1. Voir Journal officiel de décembre 1890 n° 350 page 248. La quotité par tête est de plus très variable suivant les villes, les régions; elle diffère à l'infini suivant les conditions sociales.

sans nombre que le législateur rencontre pour modifier notre système d'impôts et ne pas perdre de vue que toute augmentation des services publics a pour conséquence une surélévation des charges déjà écrasantes des contribuables.

RÉSUMÉ

L'Administration de l'Instruction publique est représentée par le Ministre, assisté du Conseil supérieur, du Comité consultatif et des Inspecteurs Généraux. Le territoire est divisé en ressorts académiques, administrés sous la direction des recteurs par des Inspecteurs d'Académie et par des Inspecteurs de l'instruction primaire.

L'Armée est l'ensemble des citoyens désignés pour porter les armes; le ministre de la Guerre pourvoit à son organisation avec le concours de comités spéciaux, le chef d'état-major et les généraux appelés à exercer le commandement. La France est divisée, pour la répartition des troupes, en régions et subdivisions. Tous les Francais doivent le service militaire personnel de 20 à 45 ans, d'abord, dans l'armée active; ensuite, dans l'armée de réserve; enfin, dans l'armée territoriale. Le Ministre de la Marine a, pour l'organisation de l'armée de mer, des attributions à peu près identiques à celles du Ministre de la Guerre. Il dirige la construction et l'entretien de la flotte, ainsi que la défense des côtes, avec le concours des Préfets maritimes. Le recrutement de l'armée de mer s'effectue par l'inscription maritime.

Le Ministres des Finances est chargé de la gestion de la fortune publique. Il dirige les administrations qui encaissent les impôts directs et indirects, les produits du domaine national. Il assure l'exploitation des monopoles d'Etat : fabrication des tabacs, des allumettes. Il fait payer les dépenses, les arrérages de la dette et les pensions.

Les opérations budgétaires constituent la Comptabilité publique et sont soumises au Contrôle de la Cour des Comptes.

QUESTIONNAIRE

Quels sont les degrés de l'enseignement public? Quels sont les établissements d'instruction primaire? secondaire? supérieure? Comment est administré l'enseignement public?

Qu'est-ce que l'armée? Quelles sont les principales attributions du Ministre de la Guerre?

Comment la France est-elle divisée au point de vue militaire? Comment s'opère le recrutement? Pourquoi le tirage au sort?

Quelles sont les attributions du Ministre de la Marine? Comment les côtes sont-elles divisées pour leur défense? Qui exerce le commandement en chef à la mer? Comment s'opère le recrutement de l'armée de mer?

Quelles sont les attributions du Ministre des Finances? D'où proviennent les ressources de l'Etat? Qu'est-ce que l'impôt direct? l'impôt indirect? Les impôts de consommation? Pouvez-vous citer d'autres revenus? Comment les recettes et les dépenses sont-elles centralisées? Ces opérations sont-elles vérifiées? Par qui?

---

§ II

ORGANISATION JUDICIAIRE

SOMMAIRE

La Justice. — Juridiction criminelle. — Tribunal de simple police. — Tribunal de police correctionnelle. — Les Cours d'Assises. — Le Jury. — Le Jury de jugement. — Juridiction Civile. — Justice de paix. — Tribunal de 1re instance. — Cours d'appel. — Tribunaux de commerce. — Conseils des Prud'hommes. — Cour de Cassation. — L'Assistance judiciaire. — Résumé. — Questionnaire.

La Justice. — La justice a pour mission de punir ceux qui n'observent pas les lois; elle décide, en outre, sur les différends qui naissent du conflit des intérêts privés. Elle est rendue par des Tribunaux.

Juridiction criminelle. — Les infractions aux lois pénales sont classées, au point de vue de leur gravité, en contraventions, délits et crimes.

Les Tribunaux de simple police sont organisés pour juger les contraventions ; les tribunaux correctionnels, pour juger les délits ; les cours d'assises, pour juger les crimes. Cet ensemble est appelé la juridiction criminelle.

Tribunal de simple police. — Ce tribunal composé d'un seul juge (le juge de paix) qui siège au chef-lieu de canton.

Le juge de police connaît des contraventions qui ne peuvent donner lieu qu'à une amende de 15 francs et au-dessous, ou à un emprisonnement de 5 jours et au-dessous ; ses décisions peuvent être frappées d'appel.

Le prévenu peut se défendre lui-même ; l'accusation est soutenu par le commissaire de police (à défaut par le maire ou l'adjoint) et les jugements sont écrits par un greffier.

Tribunal de police correctionnelle. — Le Tribunal correctionnel établi au chef-lieu d'arrondissement statue sur tous les délits. Il se compose de 3 juges ; l'accusation est confiée au Procureur de la République ou à ses substituts ; le prévenu est admis à se défendre lui-même ou à se faire assister par un avocat. Les jugements correctionnels peuvent être portés devant la Cour d'appel (chambre correctionnelle).

Enfin, le tribunal correctionnel statue sur les appels des jugements de simple police.

Les cours d'Assises. — Les faits qualifiés crimes par la loi sont jugés par une Cour d'assises qui se réunit d'ordinaire au chef-lieu du département trois ou quatre fois par an.

La Cour d'assises se compose de trois conseillers de la Cour d'appel ou d'un seul conseiller et de deux juges du tribunal de 1re instance, si la tenue des assises n'a pas lieu dans une ville ou siège la cour d'appel.

Les prévenus sont renvoyés devant ce haut tribunal par une chambre de la cour d'appel, dite chambre criminelle, lorsque les faits qui leur sont reprochés sont considérés comme constituant un crime, etc. La Cour d'assises est assistée d'un jury.

Les fonctions du ministère public sont remplies par le Procureur Général ou l'un de ses substituts.

Jury — Le jury est une commission de simples citoyens appelés à décider si l'accusé est coupable ou non et s'il existe, en sa faveur, des circonstances atténuantes.

Pour remplir les fonctions de juré, il faut être âgé de 30 ans révolus, jouir de ses droits civils et politiques n'avoir subi aucune condamnation[1], savoir lire et écrire en français, et n'être ni domestique ni serviteur à gages. La loi prévoit, de plus, certaines incompatibilités et certaines dispenses.

Les jurés sont choisis sur des listes préparatoires formées dans chaque canton ou quartier de Paris par une commissoin spéciale. Ces listes servent à une

1. C'est la règle générale, mais elle comporte diverses exceptions.

commission d'arrondissement pour dresser la liste annuelle.

Jury de jugement. — Pour former la liste de la session, on tire au sort, sur la liste annuelle et en audience publique, le nom de 36 jurés et de 4 suppléants; enfin, 12 d'entr'eux sont choisis également par le sort pour chaque affaire; le juré ainsi désigné est tenu de siéger, sous peine d'amende.

Les jurés prêtent serment, écoutent l'acte d'accusation, les témoins, la défense et délibèrent à huis clos * sur les questions qui leur sont posées.

La Cour d'Assises, suivant la réponse ou déclaration du jury, prononce l'acquittement ou la condamnation du prévenu et fixe la peine.

Juridiction Civile. — Les tribunaux civils jugent les contestations qui naissent entre particuliers.

Ces tribunaux sont :

Les justices de paix, les Tribunaux de 1re instance, les Tribunaux de commerce, les Cours d'Appel, les Conseils de prud'hommes.

Justice de paix. — Le juge de paix, magistrat amovible, c'est-à-dire révocable, est chargé de fonctions multiples. Nous l'avons vu juge de police ; il est encore juge conciliateur * et juge civil.

Sa compétence sur les contestations privées s'élève, en dernier ressort, jusqu'à la valeur de 100 francs, et, à charge d'appel, jusqu'à la valeur de 200 francs ou de 1.500 francs, suivant la nature des litiges. Ce magistrat préside les conseils de famille, appose les scellés, dresse les actes d'adoption et de tutelle, assiste le Parquet pour la recherche des crimes et délits; il est, durant les grèves, chargé des arbitrages; enfin il remplace le Conseil des prud'hommes dans les cantons où ce Conseil n'existe pas.

Tribunal de 1re instance. — Le tribunal de 1re instance est établi au chef-lieu de chaque arrondissement (cette règle ne souffre que quelques exceptions). Il est dirigé par un Président et se compose d'un nombre de juges qui varie suivant la population de la ville chef-lieu; ce tribunal se divise en plusieurs chambres, si la multiplicité des affaires l'exige. On trouve, auprès de lui, un magistrat chargé du Ministère public, * des greffiers, des avocats, des avoués, des huissiers.

Le tribunal civil juge sur les affaires qui excèdent la compétence du juge de paix et statue sur les appels des décisions de ce juge. Il remplace le Tribunal de commerce dans les arrondissements où il n'y en a pas d'établi. Enfin, comme nous l'avons déjà expliqué, il tient des audiences correctionnelles.

Cours d'appel. — Il y a, en France, 26 cours d'appel, et la juridiction de chacune s'étend sur un certain nombre de départements. Ces cours jugent, en dernier ressort, des affaires déjà soumises aux tribunaux de 1re instance et de commerce contre les décisions desquels on a interjeté appel. *

Tribunaux de commerce. — Les tribunaux de commerce sont établis dans les localités importantes. Les membres de ces tribunaux sont élus pour deux ans par les notables commerçants. Ils jugent toutes les contestations relatives aux actes de commerce et décident sur tout ce qui se rapporte aux faillites.

Conseils des Prud'hommes. — Les conseils des

prud'hommes constituent une juridiction spéciale et analogue à celle des juges de paix, établie dans les principales villes manufacturières et ayant pour objet, à défaut de conciliation, de juger les différents qui naissent entre patrons et ouvriers.

Ils sont composés, en nombre égal, d'ouvriers et de patrons désignés, les uns et les autres, par voie d'élection.

Les ouvriers et les patrons se réunissent, à cet effet, chacun de leur côté, en assemblée particulière.

Les électeurs doivent avoir 25 ans accomplis, exercer leur profession depuis cinq ans au moins et être domiciliés, depuis trois ans, dans la circonscription du conseil. La liste des électeurs est arrêtée par le Préfet, et les membres du Conseil sont renouvelés, tous les 3 ans, par moitié.

Cour de Cassation. — La Cour de Cassation qui siège à Paris, est une cour suprême, placée au-dessus des autres tribunaux pour maintenir l'uniforme application de la loi.

C'est à elle que sont dénoncées, sous forme de pourvoi ou de requête, les décisions judiciaires qui paraissent avoir violé ou faussé la loi.

Dans ce cas, la cour « casse » la décision et renvoie l'affaire devant des juges du même degré que ceux dont la sentance est annulée.

L'Assistance judiciaire. — Il faut remarquer que la justice n'est pas absolument gratuite. Elle entraine le paiement des droits d'enregistrement et de timbre, auxquels donne lieu un procès, ainsi que la rétribution des officiers ministériels (avoués, agréés, huissiers), des experts, des avocats. Ces frais atteignent souvent un chiffre élevé ; les personnes hors d'état de les acquitter peuvent toutefois obtenir l'assistance judiciaire.

Quant aux frais de justice criminelle, ils sont mis à la charge des condamnés.

RÉSUMÉ

L'organisation des Cours et Tribunaux relève du Ministère de la Justice.

La Justice consiste dans l'application de la loi à chaque cas particulier.

Elle est rendue par des tribunaux qui se divisent en juridiction criminelle et en juridiction civile.

La juridiction criminelle comprend les tribunaux chargés d'appliquer les lois pénales ; ce sont : les tribunaux de simple police, de police correctionnelle, et les Cours d'Assises. Les cours d'assises sont complétées par un jury.

La juridiction civile comprend les Tribunaux qui jugent les contestations nées entre particuliers ; ce sont : les justices de paix, les tribunaux de 1re instance, les tribunaux de commerce, les cours d'appel, les conseils de prud'hommes.

Auprès de chaque Tribunal, se trouve un magistrat chargé, soit de requérir l'application de la loi pénale, soit de donner son avis dans les affaires civiles qui doivent lui être communiquées : c'est le Ministère Public. Il y a aussi près des Tribunaux, des greffiers, des avocats, des avoués, des huissiers.

Au-dessus de tous les tribunaux, se trouve la Cour de Cassation. Les juges sont nommés par le Chef de l'État sauf les juges des Tribunaux de commerce et les conseillers prud'hommes qui sont élus. Les juges des Tribunaux de 1re instance et d'appel sont inamovibles, mais les magistrats du Ministère public sont révocables, ainsi que les juges de paix.

Les décisions de la Justice sont exécutées par les huissiers, les magistrats du Ministère public, les dépositaires de la force publique, le service de la gendarmerie, le service des prisons, etc.

Les personnes qui sont hors d'état d'acquitter les frais de justice peuvent réclamer l'assistance judiciaire.

QUESTIONNAIRE

Quel est le rôle des tribunaux? Comment se divisent les Tribunaux? Quels sont les tribunaux qui appliquent les lois pénales? Qu'est-ce que le Jury? Quels sont les tribunaux qui rendent la justice civile? Quel est le rôle du Ministère public? Qu'est-ce que la Cour de Cassation? Comment sont nommés les magistrats? Sont-ils tous inamovibles? Par qui sont exécutées les décisions de la Justice? Comment peut-on s'exonérer des frais de Justice?

CHAPITRE XI

L'État. Le département. La commune.

L'État. — Le département. — Le Préfet et ses attributions. — Le conseil de Préfecture. — Le conseil Général. — Le budget départemental. — L'arrondissement. — Le Canton. — La Commune. — Le Conseil municipal. — Le Maire. — Résumé. — Questionnaire.

L'État. — L'administration de la France n'est pas seulement confiée aux grands services publics placés sous les ordres directs des Ministres. Pour éviter les excès funestes d'une centralisation excessive, certains pouvoirs ont été transférés au Département et à la Commune. Les services de la société civile allant toujours croissant par la force naturelle des choses, on se préoccupe beaucoup d'augmenter les pouvoirs des assemblées départementales et communales.

Le Département. — On sait que le département est une circonscription administrative à la tête de laquelle est le Préfet.

Le département est aussi considéré comme personne morale, c'est-à-dire comme possédant des biens et les administrant.

Le Préfet et ses attributions. — Le Préfet est un fonctionnaire nommé par le Président de la République. Il est l'agent du gouvernement et règle, en cette qualité, un nombre considérable d'affaires; il représente le département vis-à-vis de la justice et des particuliers. Il exécute les décisions du Conseil Général; enfin, il exerce un contrôle supérieur sur l'administration communale et sur la gestion des établissements de bienfaisance.

Le Préfet est assisté d'un Secrétaire Général et, dans chaque arrondissement, excepté au chef-lieu, d'un Sous-Préfet.

Le Conseil de préfecture. — Le Conseil de Préfecture est une assemblée composée, en général, de 3 membres, nommés par le Président de la République. Il aide le Préfet de ses avis, exerce la tutelle sur les communes qu'il autorise à plaider; il juge certaines questions administratives et contentieuses.

Le Conseil Général. — Au chef-lieu de chaque département, siège le Conseil Général qui délibère sur les intérêts du département. Il vote son budget pour l'entretien des routes, des bâtiments départementaux et pour le fonctionnement des différents services publics, laissés à la charge du département.

Les membres de ce conseil sont nommés au suffrage universel, à raison d'un membre par canton; leurs fonctions sont gratuites; ils s'assemblent en deux sessions ordinaires annuelles dont la durée est limitée par la loi [1]. Enfin, une commission permanente du Conseil Général prend le nom de commission départementale; elle surveille l'exécution des délibérations du conseil général et l'application aux dépenses prévues des crédits votés.

Le budget départemental. — Le budget des recettes est alimenté par des centimes additionnels, ajoutés au principal des quatre contributions directes. [2]

L'arrondissement. — Cette circonscription administrative n'a pas la personnalite morale, et son conseil, composé d'un membre par canton, n'a qu'une session ordinaire par an.

Le conseil d'arrondissement a, pour attribution, la répartition entre les communes de la part des contributions directes qui leur incombe; il s'occupe de quelques questions d'intérêt purement local,

Il y a, au siège de chaque arrondissement, un sous-Préfet et, généralement, un Tribunal de 1re instance, une maison d'arrêt, ainsi que les représentants locaux des grandes administrations de l'Etat.

Le canton. — Le canton n'a qu'une importance

(1) il peut y avoir aussi des sessions extraordinaires.
(2) Voir p. 90 la désignation de ces contributions.

très secondaire; le chef-lieu de canton n'est le siège d'aucune autorité particulière, sauf l'autorité judiciaire qui y est représentée par le juge de paix. La principale utilité de cette subdivision territoriale est de servir à l'élection d'un membre du Conseil d'arrondissement et du Conseil Général.

La commune. — La commune est la plus petite des circonscriptions administratives jouissant de la personnalité civile.

Elle est administrée par une assemblée qui prend le nom de Conseil municipal, par un Maire, assisté d'un ou plusieurs adjoints.

Le Conseil municipal. — Les membres du Conseil municipal sont élus par les habitants de la commune, inscrits sur les listes électorales municipales; ils doivent être âgés de 25 ans. Leur nombre peut varier de 10 à 36, suivant le chiffre de la population.

Des lois spéciales ont réglé l'organisation municipale des villes de Paris et de Lyon.

Le conseil municipal se réunit 4 fois, chaque année, en séance ordinaire et il ne peut délibérer que si la majorité des membres en exercice est présente.

Il vote le budget annuel de la commune[1]. Les séances sont présidées par le maire; elles sont publiques,

Le Maire. — Les attributions du Maire sont complexes. Il n'est pas seulement représentant de la

(1) Les recettes se composent d'une partie des contributions directes, des revenus de l'octroi, de la location des propriétés communales. Les dépenses comprennent les traitements des fonctionnaires communaux, les hôpitaux, la police, l'entretien, l'éclairage des rues, etc...

commune; il est encore agent du pouvoir central, officier de l'état civil et de police judiciaire.

Comme représentant de la commune, il en administre les biens, la représente en justice, surveille les établissements communaux, prépare le budget, ordonnance les dépenses et exécute les décisions du conseil municipal.

Agent du pouvoir central, il publie les lois et decrets, le rôle des impôts et dresse la liste du contingent militaire. Comme officier de l'état civil, il dresse les actes de naissance et de décès, procède à la célébration des mariages et veille à la conservation des registres de l'état-civil.

Enfin, il participe à la police judiciaire et communale.

Les arrêtés du maire, concernant la police et la voirie, sont soumis à l'approbation du Préfet.

Le maire est aidé dans sa tâche par un ou plusieurs adjoints.

RÉSUMÉ

L'organisation administrative se partage entre l'Etat, le département et la commune.

Le département est une circonscription administrative, dotée de la personnalité civile et administrée par le Préfet.

Le rôle de ce haut fonctionnaire est double; il est, à la fois, l'agent du Gouvernement et le représentant du département. Le Préfet est assisté par le Conseil de Préfecture; il a, sous ses ordres, un secrétaire général et, dans chaque arrondissement, autre que celui du chef-lieu, un sous-Préfet.

Le Conseil Général gère les biens et assure le fonctionnement des divers services du département. Il émet des vœux sur toutes les questions qni intéressent les cantons qu'il représente.

L'arrondissement est une circonscription territoriale, au chef-lieu de laquelle se trouvent un sous-Préfet, un tribunal et où siège le Conseil d'arrondissement.

Le conseil d'arrondissement a, pour principale et presque unique attribution, la répartition des contributions directes entre les communes.

Quant au Canton, c'est une simple division territoriale qui ne sert qu'à l'élection d'un conseiller général et d'un conseiller d'arrondissement.

Le pouvoir judiciaire a, au chef-lieu de canton, un représentant : c'est le juge de paix.

La commune jouit de la personnalité civile. Elle est administrée par un maire, assisté d'un ou plusieurs adjoints, tous élus pour quatre ans par le Conseil municipal et choisi dans ce conseil.

Le conseil municipal vote le budget des recettes et des dépenses et s'occupe des intérêts moraux et matériels de la commune. Le maire administre la commune et représente le pouvoir central. Il est officier de l'état civil et participe, en outre, à la police judiciaire et communale.

Le budget de la commune est alimenté par un prélèvement sur les contributions directes, par l'octroi et par le produit des biens patrimoniaux *. Des dispositions spéciales sont établies pour les villes de Paris et de Lyon.

QUESTIONNAIRE

Comment se partage l'organisation administrative de la France? Qu'est-ce que le département? Comment est-il administré? Quelles sont les attributions du Préfet? Par qui est-il assisté? Quel est le rôle du Conseil Général? Où siège-t-il? Qu'est-ce que l'arrondissement? Le canton? la commune? Quel est le rôle du Conseil municipal? Comment s'alimente le budget de la commune? A quoi sert-il? Quelles sont les fonctions du maire? Par qui sont élus les maires et les adjoints?

CHAPITRE XII

Le Citoyen, ses droits, ses devoirs.

SOMMAIRE

Le Citoyen. — Ses droits. — Ses devoirs. — Devoir scolaire. — Devoir militaire. — Devoir d'acquitter l'impôt. — Devoir politique. — Résumé. — Questionnaire.

Le Citoyen. — Le citoyen est celui qui participe à l'exercice de la puissance publique par l'accomplissement de ses obligations civiques.

En principe, sont citoyens tous les Français majeurs de 21 ans. Par suite, ne sont pas citoyens : les étrangers, les femmes, les mineurs de 21 ans, et, par exception, les interdits et les condamnés à une peine entrainant la dégradation civique[1].

Ses droits. — Les droits qui sont attachés à la qualité de citoyen sont distincts des droits civils; ces derniers appartiennent à tout Français ou Française indistinctement.

1. La dégradation civique est une peine perpétuelle et infamante qui accompagne généralement une condamnation criminelle. Les condamnations correctionnelles peuvent, dans certains cas, entrainer l'interdiction des principaux droits civiques (code pénal art. 42 et 43). Enfin, le commerçant en état de faillite se trouve privé de leur exercice.

Les droits civiques comprennent les droits d'élection et d'éligibilité, le droit d'être juré, de servir de témoin dans les actes authentiques *, d'être appelé à toutes les fonctions publiques, civiles ou militaires.

Ainsi, s'il est inscrit sur les listes électorales, le citoyen participe, par son vote, à l'élection des conseillers municipaux, des conseillers d'arrondissement, des conseillers généraux, des députés, dans certain cas, à celle des sénateurs et des juges consulaires. Tous les mandats électifs, administratifs, tous les emplois civils et militaires peuvent lui être confiés, s'il remplit les conditions voulues par les lois spéciales qui régissent chacune de ces fonctions. Chaque citoyen est ainsi dépositaire de la souveraineté nationale; il lui suffit de ses talents et de son mérite pour s'élever dans la hiérarchie sociale, et les services qu'il rend à son pays sont proportionnels à son développement intellectuel, à son dévouement, à son patriotisme.

Ses devoirs. — L'exercice des droits politiques entraine l'accomplissement de devoirs particuliers auxquels le citoyen ne pourrait se soustraire sans troubler sa conscience, sans soulever la réprobation générale et, souvent, sans s'exposer aux rigueurs de la loi. Ces devoirs, nous allons les examiner dans l'ordre suivant : le devoir scolaire, le devoir militaire, le devoir de payer l'impôt, enfin, le devoir politique.

Devoir scolaire. — Le citoyen doit envoyer ses enfants à l'école, non pas seulement pour leur profit personnel, mais encore parce que c'est la condition indispensable du bon accomplissement de leurs devoirs futurs.

La société démocratique a besoin, pour prospérer, que la généralité des citoyens soit instruite, et il lui a fallu imposer le devoir scolaire comme le devoir militaire; on ne doit pas attendre d'y être contraint pour s'en acquitter, d'autant plus que, pour tous, l'instruction est un bienfait, à la condition, toutefois, d'être accompagnée d'une solide éducation morale.

Devoir militaire. — Tout Français doit le service militaire en personne. La guerre est aujourd'hui une science; les peuples ont des armées nombreuses; leurs intérêts sont contradictoires; la situation exceptionnellement avantageuse de notre sol peut exciter des convoitises; la France a, par suite, besoin de tous ses enfants pour s'opposer à l'invasion des ennemis, assurer l'intégrité de son territoire, faire respecter les droits de ses nationaux partout où ils sont compromis ou méconnus. On ne saurait trop le répéter: l'indépendance de la nation Française est nécessaire pour assurer la liberté de chacun de ses membres, et même pour assurer le développement de la liberté dans le monde. Le régiment qui passe, c'est la forme la plus tangible* de la solidarité nationale! Sous les drapeaux, le soldat doit l'obéissance la plus complète à ses supérieurs; il est démontré, en effet, par l'expérience, que la discipline est la condition essentielle de la valeur d'une armée.

Devoir d'acquitter l'impôt. — L'entretien de l'armée, des magistrats, des fonctionnaires, les travaux d'intérêt général, la construction de voies de communication, etc, occasionnent des dépenses considérables et, puisque chacun participe aux bienfaits de la vie sociale, il est juste que chacun paie l'impôt en proportion de ses ressources. On peut désirer une répartition plus logique ou plus équitable que celle qui existe, mais il n'est permis, sous aucun prétexte, d'éluder l'impôt, de frauder, suivant l'expression consacrée. La fraude est un vol d'autant plus grave qu'il compromet l'organisation et la défense de la Patrie. Elle est aussi une injustice puisque, en fin de compte, chaque contribuable honnête est obligé de payer plus que sa part légitime dans les dépenses du pays. Seule, la confusion de nos lois fiscales peut expliquer la mansuétude * relative avec laquelle la fraude est encore appréciée.

Devoirs politiques. — Le citoyen, véritable cellule de la société civile et politique, doit avoir le culte de la liberté, le respect de la loi et l'amour de la fraternité. Il ne lui suffit pas d'accomplir ses obligations scolaires, militaires et fiscales, il ne lui suffit pas d'être un honnête homme, il participe encore à la direction des affaires de son pays en se faisant inscrire comme électeur pour voter.

Pour être électeur, il faut être inscrit sur la liste dite électorale, parce qu'il n'est pas permis de voter, sur plusieurs points, pour le même objet.

Les listes sont révisées annuellement, et le premier devoir politique du citoyen est de s'assurer s'il est inscrit. En cas d'omission, il doit présenter sa réclamation à la Mairie où un registre est ouvert à cet effet.

Des dispositions pénales[1] sont applicables à ceux qui se font inscrire sous de faux noms ou sur plusieurs listes, qui dissimulent une incapacité, votent sans droits ou plusieurs fois, violent le scrutin, en faussent les résultats, troublent les assemblées électorales, influencent sur un ou plusieurs votes par violences, menaces, bruits calomnieux, dons en argent ou valeurs, offres d'emploi et, en général, par toute manœuvre frauduleuse. On comprend, en effet, que violer la souveraineté nationale en dénaturant les résultats du scrutin est contraire à la justice, à la raison et la bonne gestion des affaires publiques. Non seulement il faut voter, mais il faut voter avec connaissance de cause, se rendre compte des effets de son vote, et, pour cela, il est indispensable de se renseigner sur les affaires publiques, d'interroger sa conscience, d'avoir des notions sur les besoins de son pays.

Voter légèrement, inconsciemment, c'est trahir son devoir. La loi n'a pas fixé de peines spéciales contre ceux qui, sans motifs légitimes, ne remplissent pas leurs obligations d'électeurs, en s'abstenant de voter, mais, par cette abstention, on se range volontairement avec les incapables, les interdits, les banqueroutiers, les criminels ; on se condamne à la mort intellectuelle ; on abdique sa qualité de citoyen.

1, Voir le décret organique du 2 février 1852.

RÉSUMÉ

Le citoyen est celui qui participe à l'exercice de la puissance publique.

En principe sont citoyens tous les Français majeurs de 21 ans. Les droits qui sont attachés à cette qualité se résument, en général, dans la faculté d'élire ou d'être élu aux fonctions législatives, d'être choisi pour les fonctions administratives ou judiciaires.

L'exercice des droits civiques entraîne des devoirs corrélatifs : le devoir scolaire, le devoir militaire, le devoir de payer l'impôt et le devoir politique.

Le citoyen est tenu d'envoyer ses enfants à l'école sans attendre d'y être contraint, et ceux-ci doivent s'efforcer d'acquérir les notions indispensables au bon accomplissement de leur mission future.

Tout Français est astreint au service militaire en personne, la France ayant besoin du concours de tous pour défendre son territoire et son indépendance.

Le soldat doit l'obéissance complète à ses supérieurs, car on sait que la valeur de l'armée dépend de la discipline.

Chacun est obligé de payer l'impôt en proportion de ses ressources, et il n'est pas permis de frauder sous prétexte que la répartition n'est pas équitable. Enfin, le citoyen doit se faire inscrire comme électeur, voter et s'instruire pour remplir convenablement son mandat politique; autrement, il compromettrait les intérêts de la Patrie.

L'abstention n'est pas défendue par la loi, mais l'indifférence est coupable; on manque d'esprit de solidarité, de respect à soi-même, on se range parmi les incapables, les indignes, en ne coopérant pas à l'organisation de son pays.

QUESTIONNAIRE

Qu'est-ce qu'un citoyen? Quels sont ceux qui ne peuvent être citoyens? Quels sont les droits du citoyen? Quels sont ses devoirs? En quoi consiste le devoir scolaire pour les parents? pour les enfants? pourquoi est-il exigible?

Qui doit le service militaire? Pourquoi a-t-il été étendu à tous? Quel est le premier devoir du soldat? Faut-il acquitter l'impôt? Pourquoi? En quoi la fraude est-elle condamnable?

Qu'est-ce que le devoir de vote? Y-a-t-il des individus qui ne peuvent voter? Lesquels? A quel âge et où faut il se faire inscrire pour voter? Les fraudes électorales sont-elles punissables? Pourquoi? Comment peut-on bien voter? Est-il bien de s'abstenir?

LIVRE V

NOTIONS SOMMAIRES DE DROIT USUEL

CHAPITRE XIII

La législation et les droits civils.

SOMMAIRE

Publication, effets et application des lois. — Des actes de l'Etat-Civil. — Les droits civils. — Jouissance et privation des droits civils. — Condition des Etrangers. — Protection des Mineurs. — Le Domicile. — Résumé. — Questionnaire.

Publication, effets et application des lois. — La législation est l'ensemble des lois d'un pays. Les lois françaises principales sont réunies en huit codes[1]. La législation subit des changements motivés par les transformations qui s'opèrent dans la société. La loi, faite par la Chambre des Députés et le Sénat, ne devient obligatoire qu'après avoir été promulguée et publiée, c'est-à-dire portée à la connaissance des

1. Ces codes sont : le code civil, le code de procédure civile, le code de commerce, le code pénal, le code d'instruction criminelle, le code forestier, le code rural, le code de justice militaire.

intéressés. C'est actuellement, l'insertion au Journal Officiel, faite sur l'ordre du président de la République, qui vaut promulgation.

Les lois ne disposent généralement que pour l'avenir, et les difficultés qui surviennent au sujet de leur interprétation ou de leur éxécution sont soumises aux Tribunaux.

Les lois civiles s'appliquent aux personnes et aux biens. On distingue : 1° les personnes physiques, c'est-à-dire les individus ou particuliers ; 2° les personnes civiles ou morales, qui sont l'Etat, les départements, les communes, les sociétés de commerce ou d'industrie.

Des actes de l'Etat Civil. — Les principaux événements de la vie (naissance, mariage, décès, divorce) sont, en vertu des lois, relatés dans des procès-verbaux qui constituent les actes de l'état civil. Ces procès-verbaux sont rédigés par les maires et, en cas d'empêchement, par les adjoints ; de là, le titre qu'on leur confère d'officiers de l'état civil. Le législateur a édicté des règles spéciales pour la rédaction de ces actes, pour en assurer la conservation, mais les rectifications, au cas d'erreur, ne peuvent être ordonnées que par les tribunaux.

Les registres sont tenus en double ; l'un d'eux est gardé à la mairie, l'autre est envoyé au tribunal civil de l'arrondissement. Ils sont publics, c'est-à-dire que toute personne majeure peut les compulser ou se faire délivrer copie ou extrait des actes qu'ils contiennent. On comprend qu'il est indispensable que l'individualité, la filiation, l'âge de chacun soient nettement établis, et la tenue régulière des registres est une garantie des droits des citoyens.

Ainsi, la première conséquence qui résulte de ces actes, c'est la fixation de la qualité de Français ou d'étranger et de l'âge à partir duquel on exerce personnellement ses droits civils.

Des droits civils. Les plus importants des droits civils sont les suivants : exercer la puissance paternelle, posséder, acheter et vendre, acquérir ou transmettre par succession, ester en justice, contracter mariage, fixer ou élire domicile. Ils font l'objet des dispositions du code* civil, élaboré de 1789 à 1804.

Jouissance et privation des droits civils. — La qualité de Français s'acquiert par la naissance ; elle peut résulter aussi du bienfait de la loi ou de la naturalisation ; elle confère à tout individu la plénitude des droits civils, sauf certaines restrictions édictées dans un but de protection en faveur des mineurs, des femmes et des interdits. Disons, de suite que la loi prononce, dans certains cas, la privation de tout ou partie des droits civils, à titre de peine soit perpétuelle, soit temporaire.

Perte de la qualité de Français. Condition des étrangers en France. — On perd la qualité de Français en se faisant naturaliser dans un pays étranger, en y acceptant des fonctions publiques ou en y prenant du service militaire sans l'autorisation du Président de la République ; on la perd encore en s'y établissant sans esprit de retour.

Il ne faudrait pas croire que la perte de la qualité de Français entraîne la perte de la totalité des droits civils. La France est un pays hospitalier; les étrangers y jouissent de la plupart des droits civils et les quelques restrictions qui subsistent tendent à disparaître.

Cependant, la nation a le droit de se défendre contre l'envahissement de ceux qui, criminels, fraudeurs ou mendiants, lui apportent leurs vices, leurs misères ou leurs maladies, et sont par suite une menace pour sa sécurité, son honneur. C'est pourquoi le Gouvernement est armé à l'égard des étrangers d'un droit d'exclusion individuelle dont il n'use, d'ailleurs, qu'avec une grande réserve.

Les Mineurs. Leurs devoirs. Leur protection. — On désigne sous le nom de mineurs ceux qui ne sont pas considérés comme ayant la maturité, l'expérience nécessaire pour l'exercice de leurs droits civils ou politiques.

La plénitude de la raison présumée, la majorité est fixée à 21 ans et cette époque est même reculée pour certains cas; par exemple, l'homme ne peut se marier sans le consentement de ses parents qu'à 25 ans[1] et il n'est pas éligible avant cet âge.

L'enfant mineur est sous la puissance paternelle qui comprend : la surveillance de sa personne, la direction de son éducation, au besoin, le droit de correction, l'administration de ses biens[2].

L'enfant qui perd ses parents avant d'atteindre sa majorité est confié à un tuteur qui prend soin de sa

1. Encore faut-il remplir certaines formalités. — Code Civil article 151.
2. Nous citerons aussi le droit d'usufruit légal *.

personne et qui administre ses biens. Le tuteur est assisté d'un conseil de famille et d'un subrogé-tuteur.

Ces précautions sont prises en vue de protéger les faibles, les inexpérimentés contre les conséquences qu'entraînerait leur incapacité ; elles doivent être acceptées comme un bienfait jusqu'à la limite de la minorité.

Quant à l'obligation exprimée en ces termes par le code « L'enfant doit honneur et respect à ses père et mère » il n'est pas besoin de dire qu'elle subsiste à tout âge, à titre de devoir moral.

Le Domicile. — Le domicile est le lieu d'habitation réelle et permanente. Il est fixé soit par une déclaration à la mairie, soit par les circonstances. Il ne faut pas le confondre avec la résidence, lieu d'habitation momentanée. Le domicile est le siège de tous les droits civils et politiques ; c'est dans la circonscription de son domicile qu'on est appelé devant la justice civile et que l'on est électeur. Le domicile est inviolable, c'est-à-dire que nul ne peut y pénétrer sans le consentement de la personne intéressée et les magistrats eux-mêmes n'y ont accès que dans les formes et cas prévus par la loi.

Le domicile légal de l'enfant mineur est celui de ses père et mère ou tuteur. Sa résidence est celle qui est fixée par eux ; il doit y rester ; s'échappe-t-il? Il erre alors, sans domicile certain, sans profession ou métier ; il est, par suite, qualifié vagabond, et le vagabondage donne lieu à l'application de peines correctionnelles.

RÉSUMÉ

Les lois sont obligatoires; elles s'appliquent aux personnes et aux biens.

Les principaux événements de la vie (naissance, mariage, décès) sont relatés sur des registres dits de l'état civil, et les premiers effets de cette inscription sont de constater la qualité de Français et l'âge de la personne. De la qualité de Français résulte la possession des droits civils, mais il faut remarquer que les étrangers jouissent en France de la plupart de ces droits, conformément à l'équité et à l'intérêt moral et matériel de la nation. Cependant, le Gouvernement est armé du droit d'exclure individuellement les étrangers qui porteraient atteinte à la sécurité, à l'honneur du pays.

Les mineurs ne peuvent exercer leurs droits civils, c'est-à-dire acheter, vendre, fonder un établissement, choisir un domicile, etc. Dans le but de les protéger contre leur inexpérience, la loi les a placés sous l'autorité des père et mère ou tuteur et fixé la majorité à 21 ans.

A partir de cette époque, on exerce personnellement ses droits.

Le domicile est le siège de nos droits civils et politiques; il est inviolable. Il y a tout intérêt à pouvoir justifier, en tout temps, d'un domicile certain, d'une profession évidente; les gens sans aveu, les vagabonds qui errent sans moyens d'existence, sans profession ou métier, sont l'objet des rigueurs de la loi.

QUESTIONNAIRE

Comment les lois deviennent-elles obligatoires? Qu'appelle-t-on actes de l'état civil? Quels sont leurs effets? Quels sont les droits civils les plus importants? Tous les Français en jouissent-ils? Y a-t-il des différences entre les Français et les étrangers? Pourquoi le gouvernement est-il armé d'un droit d'exclusion individuelle? Pourquoi les mineurs ne peuvent-ils exercer leurs droits civils? A quel âge devient-on majeur? Qu'est-ce que le domicile? la résidence?

CHAPITRE XIV

La propriété et les contrats.

SOMMAIRE

Le droit de propriété. — Distinctions des biens. — Transmission de la propriété. — Les successions. — Les donations et testaments. — Les contrats. — La Prescription. — Résumé. — Questionnaire.

Le droit de propriété. — La terre mise en œuvre par le travail, les produits du sol transformés, modifiés, en vue des besoins de l'homme, sont propriétés nationales, départementales, communales ou privées.

La propriété privée consiste dans le droit d'user, de jouir et de disposer des choses qui nous appartiennent, sous la seule réserve de n'en pas faire un usage prohibé par la loi ou les règlements[1].

Les restrictions légales ou règlementaires qui existent, quant à l'usage, sont relatives au régime des eaux et forêts, à la police des récoltes, à l'alignement des maisons, aux mesures d'hygiène, etc., elles prennent, dans certains cas, le nom de servitudes.

1. Voir p. 141 les devoirs moraux qui dérivent du droit de propriété.

Indépendamment des servitudes imposées par la loi, il y en a d'autres qui résultent de la situation des lieux ou des conventions particulières. La propriété privée est inviolable comme la personne et « nul ne peut être contraint de la céder, si ce n'est pour cause d'utilité publique et moyennant une juste et préalable indemnité. » La propriété du sol emporte celle du dessus et du dessous, sauf quand il s'agit des mines; il y a, à cet égard, une législation particulière.

Distinction des biens. — Les biens ou la propriété se divisent : 1° en immeubles, s'il s'agit du sol, des constructions et, en général, des objets fixés au sol ou qui servent à son exploitation; 2° en meubles, s'il s'agit d'objets qui, par leur nature, peuvent être transportés d'un endroit à un autre, tels les fruits séparés du sol, les marchandises, l'argent, les créances et valeurs industrielles, etc.

Acquisition et transmission de la propriété. — La propriété, en remontant à l'origine, résulte de l'occupation, mais, dans l'état actuel de la société, il y a peu de choses sans maître, et, sauf certaines exceptions de peu d'importance (accession, capture du gibier, découverte d'un trésor), ceux qui possèdent des biens les ont acquis par transmission. Les sources légales de la transmission sont : 1° les successions, les donations et testaments. 2° les contrats. 3° la prescription.[1]

Successions. — Par succession, on entend l'en-

1. Elle s'acquiert aussi par l'effet des obligations. Voir code civil art. 711 et suivants.

semble des biens qu'une personne laisse, après décès, à ses héritiers.

Le droit de succession est réglé avec soin chez tous les peuples civilisés.

La loi, prenant pour base les affections présumées du père de famille, a décidé comment, à défaut de dispositions de sa part, ses biens seraient partagés à son décès. Avant la révolution de 1789, une succession était mine à procès pour les gens de loi.

Les règles successorales, bien que compliquées encore, ont été simplifiées par l'abolition des distinctions de sexe et de tous les privilèges.

Voici un aperçu des principales dispositions légales actuellement en vigueur :

Les descendants (fils, petits-fils, petites-filles) succèdent à l'exclusion de tous autres parents, par égale portion et par tête, quand ils sont tous au premier degré et appelés de leur chef *; ils succèdent par souche *, lorsqu'ils viennent, tous ou en partie, par représentation *.

Lorsque le défunt n'a laissé ni postérité, ni frère, ni sœur, ni descendants d'eux, la succession se divise par moitié entre les ascendants de la ligne paternelle et les ascendants de la ligne maternelle.

Au cas de prédécès des père et mère d'une personne morte sans postérité, ses frères, sœurs, ou leurs descendants sont appelés à la succession.

A défaut de tous ces parents et des ascendants, la succession se divise par moitié entre les collateraux les plus proches de l'une et l'autre ligne.

Les parents au delà du 12e degré ne succèdent pas.

S'il n'y a ni descendants, ni parents au degré successible, les biens de la succession appartiennent en pleine propriété à l'époux survivant ou à son défaut à l'État.

Enfin, le conjoint survivant a droit, sur les biens du prédécédé, à un usufruit :

1° de la moitié de ces biens quand il y a des héritiers, mais pas d'enfants.

2° du quart, s'il y a des enfants.

Donations et testaments. — Les biens peuvent être transmis par l'effet de la volonté de la personne qui possède, soit pendant son existence, soit après son décès.

Les premières libéralités prennent le nom de donations; les autres ont lieu en vertu d'un acte appelé testament. Celui qui fait un testament peut toujours le révoquer ou le modifier.

Lorsque le testament est écrit, daté et signé de la main du testateur, il est dit olographe; ce même acte est aussi reçu par un notaire sous la forme authentique ou mystique.

Il faut retenir que toute personne qui a des descendants ou des ascendants ne peut disposer, par donation ou testament, de la totalité de ses biens; la partie non disponible prend le nom de réserve legale.

Les contrats. — On classe, sous cette rubrique, les conventions en vertu desquelles tout propriétaire peut transmettre à une autre personne les choses qui lui appartiennent.

Le plus fréquent des contrats est celui de vente qui est rédigé soit devant notaire, soit sous seing-privé. Il existe d'autres contrats spéciaux relatifs au prêt des choses, à leur dépôt, à leur louage. Enfin, il y a le contrat dit de mariage qui est toujours passé devant notaire et sert à déterminer le mode d'administration des biens des époux pendant la durée du mariage et les conditions du partage à sa dissolution.

Le contrat de mariage est facultatif. La loi y supplée par des règles générales.

La Prescription. — La prescription est un moyen d'acquérir ou de se libérer par un certain laps de temps.

La possession d'un immeuble, de bonne foi, et à titre de propriétaire, pendant un nombre d'années déterminées, fait présumer légalement la propriété acquise par un titre qui s'est perdu; c'est la prescription acquisitive.

Suivant une ancienne règle, « en fait de meubles, la possession vaut titre ». Celui qui possède un objet mobilier en est, par suite, présumé propriétaire, à moins qu'on ne rapporte un titre contre lui, ou que sa possession ne soit entachée d'un vice, tel que vol, fraude ou violence. Enfin, lorsqu'il s'est écoulé un laps de temps, variable suivant les circonstances, depuis qu'une personne a contracté une dette, elle est, dans certains cas, réputée s'être libérée; c'est la prescription libératoire.

RÉSUMÉ

La propriété, dans tous les pays civilisés, est une chose sacrée. En France, nul n'a le droit d'y porter atteinte;

nul ne peut être contraint de la céder, ce n'est pour cause d'utilité publique et moyennant indemnité préalable.

On peut en user, en jouir, en disposer à sa guise, sauf, cependant, un certain nombre de restrictions apportées pour l'utilité publique ou celle des particuliers.

La propriété est dite immobilière ou mobilière; elle se transmet par l'effet des successions, des donations et testaments, des contrats et par la prescription.

L'ensemble de nos lois civiles domine, même à notre insu, notre vie entière et renferme les principes de liberté et d'égalité sur lesquels notre organisation sociale est fondée.

QUESTIONNAIRE

Quelles sont les différentes formes de la propriété? En quoi consiste la propriété privée? Ce droit est-il illimité? Citez quelques restrictions? Peut-on être privé de sa propriété? Comment se divisent les biens? Quelles sont les différentes formes de la transmission de la propriété? Qu'entend-on par succession? A qui est attribuée une succession? Qu'èst-ce qu'une donation? Un testament? Qu'appelle-t-on contrats? Qu'est-ce que la prescription?

CHAPITRE XV

Le Commerce.

SOMMAIRE

Exercice du commerce. — Les livres de commerce. — Devoirs des commerçants. — La faillite. — La liquidation judiciaire. — Les sociétés de commerce. — Résumé. — Questionnaire.

Exercice du commerce. — Les citoyens majeurs, le mineur émancipé, âgé de 18 ans révolus, les femmes, avec l'autorisation du mari, peuvent exercer le commerce.

Les livres de commerce. — Le commerçant est obligé d'avoir des livres tenus régulièrement et qu'il doit conserver pendant 10 ans.

Ces livres sont : le livre journal et le livre d'inventaire. Le commerçant doit aussi copier sur un livre les lettres qu'il envoie, enliasser et conserver celles qu'il reçoit.

Les livres de commerce, régulièrement tenus, font preuve en justice, entre commerçants.

Devoirs des commerçants. — Les commerçants doivent payer l'impôt de la patente et tenir leurs écritures régulièrement; les contrats de mariage et les jugements de séparation de corps et de biens qui les concernent sont publiés. La probité la plus stricte, l'exactitude la plus parfaite sont exigées d'eux.

La probité consiste à donner les marchandises de la qualité annoncée, en quantité et au prix convenus; l'exactitude, à faire honneur à sa signature au jour fixé.

L'observation scrupuleuse de ces règles attire les acheteurs et procure le crédit; par contre, leur violation entraîne les procès, la déconsidération, la faillite.

La faillite. — La faillite est la situation du commerçant qui, ne pouvant plus faire ses paiements, est dessaisi par le tribunal de Commerce de l'administration de ses biens, confiée à un syndic. Le traité par lequel les créanciers accordent à leur débiteur soit des délais pour se libérer, soit, le plus souvent, la remise d'une partie de sa dette, prend le nom de

Concordat. La faillite entraîne de nombreuses incapacités et porte atteinte à l'honneur du failli. La loi permet au failli, s'il paie intégralement ses créanciers, d'obtenir sa réhabilitation, de recouvrer les droits civils et politiques qu'il a perdus.

Le premier devoir d'un honnête homme qui a eu le malheur de faire faillite est de poursuivre sa réhabilitation; s'il meurt, ce devoir incombe à ses enfants.

Le failli qui a mal tenu ses écritures ou fait preuve d'imprudence est qualifié banqueroutier; si des fraudes ont été commises, la banqueroute est dite frauduleuse. La banqueroute simple est un délit puni par le Tribunal correctionnel; la banqueroute frauduleuse est un crime qui relève de la Cour d'Assises.

La liquidation judiciaire. — Le commerçant qui cesse ses paiements peut aussi, par voie de requête, présentée au Tribunal de Commerce, obtenir le bénéfice de la liquidation judiciaire.

En pareil cas, le Tribunal nomme des liquidateurs qui procèdent, avec le débiteur, au recouvrement des créances et continuent s'il y a lieu, l'exploitation du commerce; des contrôleurs sont désignés pour vérifier les livres et surveiller les opérations de la liquidation. La liquidation se termine par un concordat ou par une déclaration de faillite; pendant sa durée, le commerçant ne peut être nommé à aucune fonction élective et, s'il exerce une fonction de cette nature, il est réputé démissionnaire. La liquidation judiciaire permet au commerçant malheureux de se soustraire aux effets de la faillite quand il obtient un concordat dûment homologué.

Les sociétés de commerce. — Les commerçants peuvent former des sociétés commerciales en nom collectif, en commandite, ou encore des sociétés anonymes.

Les associés en nom collectif font personnellement le commerce; dans la société en commandite, ceux des associés qui fournissent l'argent ne doivent participer à aucun acte de gestion; enfin, dans les sociétés anonymes le capital est divisé en actions. La société anonyme est administrée par des mandataires qui doivent être propriétaires d'un certain nombre d'actions, comme garantie de leur gestion; ces mandataires sont élus à temps par les actionnaires réunis en assemblée générale; de plus, des commissaires surveillent.

RÉSUMÉ

Tous les citoyens majeurs ou émancipés et les femmes autorisées de leur mari peuvent exercer le commerce.

Les commerçants sont obligés de payer une patente, d'avoir des livres tenus régulièrement; il doivent être d'une probité et d'une exactitude scrupuleuses.

Le commerçant est déclaré en faillite s'il cesse ses paiements; cet état porte atteinte à son honneur et il ne peut en sortir que par la réhabilitation. Il ne faut pas confondre la faillite avec la banqueroute; celle-ci étant un délit ou crime suivant les circonstances. Le commerçant malheureux peut obtenir la liquidation judiciaire.

La liquidation judiciaire exclut tout mandat électif; elle se termine soit par un concordat, soit par une déclaration de faillite.

Les commerçants peuvent fonder des sociétés commerciales en nom collectif, en commandite ou des sociétés anonymes.

QUESTIONNAIRE

Qui peut exercer le commerce? Quels sont les devoirs du commerçant? Quels sont les livres dont la tenue est obligatoire? Quelle est leur utilité? Qu'est-ce que la faillite? Quelles sont ses effets? Qu'est-ce que la liquidation judiciaire? Comment se termine-t-elle? Quelles sont les différentes sociétés commerciales?

LIVRE VI

NOTIONS ÉLÉMENTAIRES D'ÉCONOMIE SOCIALE

CHAPITRE XVI

Notions diverses.

SOMMAIRE

L'Economie sociale. — L'homme et ses besoins. — La société et ses avantages. — Les Matières premières. — Le Travail. — La Richesse. — Le Capital. — L'Intérêt.

L'Economie sociale. — L'économie sociale * a pour but d'étudier l'organisation du travail, les besoins de l'homme, les moyens généraux de les satisfaire, les maux de la société laborieuse, leurs causes et les moyens d'y remédier.

La connaissance des principes élémentaires d'économie sociale est indispensable à tout citoyen qui s'intéresse à la direction des affaires publiques; il peut aussi en tirer souvent des indications pour la gestion de ses affaires privées.

L'homme et ses besoins. — L'homme doit pour

vivre se livrer à un travail incessant. La misère le menace dès qu'il se repose. Il faut qu'il se nourrisse, et, s'il ne laboure pas la terre, s'il ne l'ensemence pas en temps opportun, s'il s'arrête de moissonner, de battre ou de moudre les céréales, il s'expose à la famine. Il faut qu'il se vêtisse; il doit, pour cela, carder, filer, tisser la laine fournie par les toisons. Il faut qu'il se construise une habitation, sans quoi le vent, la pluie, le soleil, le froid rendraient sa vie précaire et incertaine.

A ces premiers besoins, nourriture, vêtements, habitation, s'ajoutent des besoins nouveaux qui résultent du développement de la civilisation, tels que les besoins de locomotion, d'hygiène et d'instruction.

La société et ses avantages. — Mais, pour produire utilement et vite les choses indispensables à son existence, l'homme a besoin de la collaboration de ses semblables.

S'il vivait isolé, ou seulement en tribus peu nombreuses, il serait en lutte constante avec les forces de la nature; son existence serait fondée sur des ressources précaires, comme la chasse et la pêche; il n'aurait ni routes, ni fermes, ni villes, ni animaux domestiques. C'est l'état actuel des quelques peuplades sauvages que, dans certaines contrées, on peut encore rencontrer.

Profitant des travaux accumulés par les générations précédentes, la condition de l'humanité s'est progressivement améliorée et les conquêtes de la science se sont multipliées. Sur un sol défriché et plus fertile nous vivons plus nombreux et dans des conditions meilleures que nos ancêtres.[1]

Ces avantages résultent du groupement des familles humaines en sociétés nombreuses, en nations.

Nous devons donc aimer la société et ne pas la maudire, comme le font quelques esprits chagrins, mais sans toutefois méconnaître qu'il reste encore une très large place pour un progrès * toujours croissant.

Le devoir de chacun de nous est d'y contribuer avec persévérance.

Les matières premières. — Afin de pourvoir à ses besoins de nourriture, d'habitation, de locomotion, etc, l'homme utilise les matières premières.

Ce mot a une signification fort variable : pour le filateur, par exemple, la matière première, c'est la soie, la laine ou le coton ; pour le fondeur, c'est le minerai ; pour l'éditeur, c'est le papier.

Le travail. — Le travail est la mise en œuvre des facultés physiques et intellectuelles de l'individu au profit de la société et de lui-même.

Le travail se manifeste par l'appropriation * du sol, par la transformation de ses produits, par des recherches scientifiques, des productions littéraires, artistiques etc.

L'ensemble de tous ces travaux constitue l'industrie humaine qu'on subdivise généralement en grandes catégories et dont les principales sont : l'agriculture, l'industrie et le commerce.

1. La France ne comptait que 26 millions d'habitants en 1789; elle en a, aujourd'hui, 38 millions.

La Richesse. — Le sol aménagé pour la culture, les fruits de la terre, les matériaux transformés ou conservés en vue des besoins de l'homme, tels que denrées, vêtements, habitations, véhicules, ainsi que les travaux scientifiques et littéraires constituent la Richesse.

La Richesse est donc matérielle ou immatérielle, naturelle ou produite.

La principale source de la Richesse est le travail et on comprend que si les réserves venaient à s'anéantir, le travail à s'arrêter, la civilisation subirait un infaillible recul, et que le pays où ce malheur se produirait serait voué à une inévitable et rapide destruction.

Le Capital. — La Richesse se divise en deux parts : l'une, destinée à la consommation immédiate ; l'autre, utilisée pour une production nouvelle, semences, outils, machines. etc. Cette dernière partie, richesse reproductive, prend le nom de capital.

La manière dont ce capital s'accumule, se transmet et se répartit dépend d'un grand nombre de circonstances, au premier rang desquelles il faut mettre la diversité des aptitudes individuelles et l'organisation sociale.

La nécessité du capital, travail antérieur accumulé en vue de la reproduction, entraîne l'inégalité des fortunes.

L'Intérêt. — L'intérêt est la rénumération du capital engagé dans la production. Malgré les récriminations séculaires contre les usuriers, il faut réconnaître la légitimité de l'intérèt à cause de la privation que le prêteur s'impose, des risques qu'il court, des frais que la gestion de son capital nécessite.

Le taux de l'intérêt semble dépendre de l'offre et de la demande; cependant, la loi française, suivant sans doute l'usage, fixe un maximum de 5 o/o en matière civile et de 6 o/o en matière commerciale; cette distinction est fort combattue.

Dans l'organisation sociale actuelle, sans l'intérêt, la richesse ne pourrait pas se transformer en capital; elle resterait inactive ou, plutôt, elle cesserait de s'accumuler pour bientôt disparaître, car la richesse, on ne saurait trop le répéter, est l'ensemble des choses appropriées aux besoins de l'homme et, par suite, indispensables à son existence.

L'intérêt est inévitable, mais il va en diminuant et on peut affirmer que cette baisse s'accentuerait encore si les États européens ne mettaient en péril constant leur sécurité mutuelle.

CHAPITRE XVII

Salaire et Propriété.

SOMMAIRE.

Les salaires. — La division du travail. — Les machines. — La liberté du travail. — La propriété. — Les devoirs dérivés du droit de propriété.

Les salaires. — Afin de subvenir à leurs besoins, les hommes, dépourvus de matériaux antérieurement accumulés, du capital qui, seul, peut les faire subsister, échangent, contre une partie du capital d'autrui, leur travail, leurs services : ce sont les ouvriers — ouvriers des bras ou du cerveau. Ceux qui leur procurent le capital sont dénommés capitalistes. La part du capital attribuée à l'ouvrier prend le nom de salaire. S'il résulte de la production nouvelle et après prélèvement du salaire, un bénéfice, ce bénéfice est partagé entre l'entrepreneur (c'est le profit), et le capitaliste (c'est l'intérêt).

La répartition équitable des fruits du travail entre le capitaliste, l'entrepreneur et l'ouvrier, est un problème contre lequel a échoué, jusqu'à ce jour, la science de tous ceux qui ont essayé à la résoudre.

Le salaire est variable.

Si la richesse accumulée et reproductive (capital) s'accroît plus vite que la population, le salaire monte; si la population, seule, augmente, on comprend que la part de produits accumulés (salaire) devient moindre pour chacun, ce qui s'exprime en disant : le salaire tombe.

Le salaire est inégal. Tous les travaux n'exigent pas la même fatigue, les mêmes périls, la même intelligence; il faut compter aussi avec le coût de la production et les exigences des ouvriers ou des patrons.

Si, à ces causes naturelles, s'ajoutent : 1° une mauvaise connaissance des besoins généraux d'une industrie, se traduisant par une surabondance de production, de demandes d'emploi; 2° des habitudes générales de paresse, d'imprévoyance, d'intempérance, de prodigalité, la situation du travailleur devient malheureuse.

On peut en conclure qu'il n'est pas de devoir plus impérieux que celui d'acquérir soi-même et d'encourager, dans toutes les classes de la société, les habitudes de sobriété, de prévoyance, d'économie.

Comme remède à l'abaissement des salaires, certains économistes demandent la fixation d'un minimum légal. C'est là une aspiration difficilement réalisable et dont on ne peut prévoir les effets. La détermination officielle du taux moyen des salaires, par région et par industrie, paraît possible avec les éléments de statistique dont dispose le gouvernement et sa publication, à titre de renseignement, serait déjà un progrès.

Il faut signaler, aussi, une cause fréquente de déception pour les travailleurs. C'est leur ignorance du salaire réel; le salaire nominal, c'est-à-dire exprimé en argent, est d'apparence trompeuse. Il faut savoir la quantité de marchandises qu'on peut se procurer avec cet argent, dans tel lieu plutôt que dans tel autre. Les travailleurs des champs quitteraient moins facilement leurs chaumières, s'ils étaient mieux renseignés à cet égard.

La division du travail. — Il suffit de s'observer soi-même pour reconnaître que l'habitude et l'expérience développent les aptitudes spéciales et que le même travail, fréquemment répété, s'exécute mieux et plus vite, avec moins d'efforts. Cette constatation a conduit à la division du travail.

Qu'arriverait-il si chacun de nous devait être

boulanger, tailleur, charpentier, forgeron, médecin? Quelle confusion! quels piètres résultats!

Il faut donc se spécialiser dans une des branches de l'industrie productive et même dans les opérations plus complexes, plus délicates de distribution, c'est-à-dire de vente en gros et en détail.

Cependant, cette division ne doit pas être poussée à l'excès. L'ouvrier par trop spécialisé ne peut s'employer utilement en cas de chômage; il est prudent d'apprendre un métier dans toutes ses parties avant de n'en pratiquer qu'une seule.

Les Machines. — Les acheteurs de marchandises industriellement produites ont une tendance à s'approvisionner à bon marché. D'autre part, l'entrepreneur veut diminuer le coût de la production, faire vite et bien, enfin l'ouvrier désire diminuer ses efforts musculaires.

On réalise ces aspirations par la production mécanique, par l'emploi des machines.

Peut-être entendez-vous dire que les machines laissent sans travail des milliers d'ouvriers et qu'elles développent la misère. La vérité, c'est que les machines procurent à la société entière la nourriture, le chauffage, les vêtements, à meilleur marché et avec plus d'abondance qu'à l'époque où le travail était purement manuel.

Quand des changements dans la production se manifestent, lorsqu'une nouvelle machine est inventée, il y a, il est vrai, des froissements partiels et des ouvriers se trouvent sans travail; mais, s'ils sont alertes et vigilants, ils peuvent se déplacer à temps et trouver, dans un autre lieu ou une autre occupation, les moyens de vivre ; la grande baisse des prix doit leur servir d'avertissement. Ce mal de quelques-uns ne peut, d'ailleurs, primer le bien de l'humanité considérée dans son ensemble. On souhaiterait, toutefois, des dispositions législatives destinées à adoucir le sort des ouvriers qui ont à souffrir momentanément des innovations[1], et il est permis de regretter que l'utilisation des machines n'ait pas diminué la durée du travail dans la grande industrie.

La liberté du travail. — La possibilité de se déplacer, de choisir telle ou telle profession, d'en changer, d'utiliser ses aptitudes, ses goûts, ses connaissances ou ses ressources nouvelles, c'est la liberté du travail, conquête précieuse réalisée par la Révolution et adoptée par la plupart des états civilisés.

Auparavant, s'ils travaillaient la terre, les hommes étaient en servage ; s'ils exerçaient un métier, ils étaient soumis aux règlements étroits et abusifs des corporations* et des jurandes*.

La liberté du travail n'est pas exclusive de certaines mesures d'ordre et de protection, connues sous le nom de règlementation du travail. Ces mesures sont relatives à la durée du travail dans les manufactures, à l'emploi des femmes et des enfants, à la salubrité, etc. La liberté de travailler n'implique pas la liberté de nuire et la législation

1. Au nombre de ces mesures, on peut signaler la création de caisses d'assurances en cas de chômage, subventionnées par l'Etat ou les communes.

industrielle moderne nous paraît encore, sous ce rapport, bien incomplète.

Le principe de la liberté du travail reçoit aussi quelques exceptions. Ce sont les monopoles reconstitués par la vénalité des offices ministériels et les monopoles d'Etat, établis dans un intérêt fiscal ou gouvernemental.

La Propriété. La liberté du travail implique la propriété individuelle et la liberté du commerce, car, à quoi servirait-il d'être libre de travailler à sa convenance, si l'on ne pouvait disposer de ses produits, soit pour les consommer ou les conserver, soit pour les échanger?

Les peuples dont le système économique est basé sur la liberté du travail et du commerce, sur la propriété individuelle, ont cependant passé presque tous par un état contraire.

Au début de la civilisation, les peuples nomades ne connaissent pas la propriété foncière et leurs quelques objets mobiliers sont propriété commune. Plus tard, ces tribus se fixent sur le sol, le défrichent, le cultivent, sans cependant occuper toutes les terres; les membres de la famille, de la tribu, obéissent à un seul chef; la propriété foncière apparaît alors, mais demeure indivise. Elle devient individuelle lorsque la population s'accroît, s'érige en nation et que l'industrie se généralise.

En France, l'individualisation de la propriété se manifeste dès l'âge féodal, mais avec une foule de restrictions, et c'est seulement en 1789 qu'elle est complète.

Il existe, cependant, encore un vestige de propriété collective; ce sont les biens communaux qui représentent environ 4 millions d'hectares. Certains économistes voudraient voir la propriété communale plus étendue parce qu'elle donne aux municipalités le moyen d'organiser l'assistance.

Nous avons indiqué déjà[1] les principales restrictions apportées, dans l'intérêt général, au droit individuel de propriété, telles que les servitudes légales, l'expropriation pour cause d'utilité publique, la défense de défricher les forêts sans autorisation, la concession des mines par l'État, etc.

Nous rappellerons une autre restriction, très importante, mais dissimulée sous la forme d'un impôt : le droit de succession payé à l'Etat. Ce droit n'est en somme que le prélèvement d'une part de la succession par la société, prélèvement légitime, la société ayant payé de son sang le sol que chaque propriétaire possède, lui en garantissant l'usage, l'associant à tous les avantages de la civilisation.

Faut-il désirer un autre mode de prélèvement? un quantum des taxes plus élevé? c'est l'œuvre du législateur et il ne peut entrer dans le cadre de cet ouvrage de formuler d'opinion à ce sujet.

Les devoirs dérivés du droit de propriété. — Nous devons ajouter qu'au point de vue moral le droit de propriété individuelle ne doit pas être exercé avec rigueur, qu'il comprend des devoirs corrélatifs, et c'est à leur inobservation que sont dûs la plupart des antagonismes sociaux.

1. Voir au droit civil p. 121.

Le propriétaire ne doit pas laisser sa terre en friche, sa maison inhabitée, son argent en caisse ; il doit faire concourir son bien à la production générale. Dans l'achat et la vente, il ne doit pas user de sa force pour acheter trop au-dessous du cours normal, ni vendre trop au-dessus : dans le louage, il ne doit pas écraser le fermier sous le poids d'une redevance exagérée. S'il s'agit de capitaux, de prêt d'argent, il ne doit rechercher que des placements honnêtes et se contenter d'un intérêt suffisant ; enfin, s'il dispose de son bien à titre gratuit, il doit songer à ses parents pauvres, à ses vieux serviteurs, il doit choisir, pour ses libéralités, les individus les plus méritants, les associations fondées dans un but philanthropique.

Le capitaliste, le propriétaire, le salarié ne sont pas toujours des hommes différents. Ainsi, le cultivateur d'une terre qui l'ensemence lui-même est propriétaire, capitaliste et travailleur, tout à la fois. S'il lui reste assez de temps pour servir autrui, il est aussi salarié ; ce cumul est un des plus fréquents. C'est pourquoi, dans les sociétés basées sur la liberté de travail et la propriété individuelle, il n'y a pas de démarcations précises divisant les hommes en classes ; la liberté économique est une des conditions premières de l'égalité. Là, comme partout ailleurs, c'est seulement l'abus qui peut solliciter l'intervention du législateur.

CHAPITRE XVIII

Commerce et monnaie.

SOMMAIRE

L'échange et le commerce. — Valeur et prix. — La monnaie. — Le billet de banque. — Le crédit. — Les effets de commerce. — Les effets publics.

L'échange et le commerce. — L'activité de l'industrie est grandement favorisée par l'échange. Nous avons vu qu'en se spécialisant l'homme produit vite et mieux, mais l'objet fabriqué doit, alors, nécessairement être échangé. Le tailleur doit pouvoir se procurer du pain et le boulanger des habits; ils ne peuvent le faire qu'en échangeant leurs produits. Cet échange direct appelé troc n'est guère praticable; il s'opère plutôt à l'aide de la monnaie; d'autre part, comme le tailleur ou le boulanger ne peuvent s'approvisionner directement de vin, d'huile, de beurre, de viande, chez le vigneron, le fermier, l'éleveur, l'intervention du commerçant devient nécessaire.

Valeur et prix. — Les objets ont une valeur dite en échange qui varie suivant la quantité de choses qu'on peut se procurer en retour. Cette valeur, exprimée en monnaie, constitue le prix. Ainsi, je suppose qu'un chasseur échange deux lièvres pour une paire de chaussures évaluée 12 francs; il aurait pu vendre directement chaque lièvre 6 francs; c'est leur prix; mais si, au marché suivant, les lièvres sont plus abondants et moins demandés, peut-être sera-t-il obligé d'en vendre trois pour obtenir la même somme, afin de ne pas être exposé à garder sa marchandise ou à la perdre; la vâleur intrinsèque des lièvres, s'ils sont aussi beaux et aussi bons que les précédents, est bien la même, mais leur valeur en échange, leurp rix, est tombé à 4 francs.

Monnaie. — La monnaie e st une mesure commune et conventionnelle de la valeur. Les peuples anci ens avaient des monnaies diverses; le fer, à Lacédémone; le cuivre. à Rome; le sel, en Abyssinie; les coquillages ou cauris, dans l'Inde; le cuir, en Russie jusqu'à Pierre 1er, ont servi de monnaie. On choisit, pour monnaie, chez les peuples de civilisation moderne, les métaux précieux — or et argent — qui ont l'avantage, en raison de leur rareté, de présenter une grande valeur sous un petit volume, d'être facilement mis en disques ou pièces et de recevoir une empreinte durable.

En France, l'État s'est réservé le monopole du monnayage et il donne aux piéces de monnaie un cours forcé, nominal, pour éviter toute variation.

Le billet de banque. — La monnaie n'étant qu'un moyen d'échange, on a cherché, pour éviter la manipulation et le transport de fortes sommes, d'autres signes de convention.

On a eu recours au billet ou promesse de paiement en numéraire, à vue et à présentation.

La Banque de France est un établissement privé qui a reçu par privilège le droit d'émettre, *seul*, des billets de Banque et la confiance qu'ils inspirent fait qu'on les préfère, presque toujours, aux espèces métalliques ; ils ont, d'ailleurs, un *cours légal** ; dans les moments de crise, ce cours est même forcé.

Le crédit et les effets de commerce. — Il arrive souvent qu'un négociant consent à livrer une marchandise à une autre personne, sans en recevoir, de suite, l'équivalent. C'est le crédit. L'emprunteur qui désire avoir du crédit offre un engagement écrit de payer ou de rembourser au prêteur ou à une autre personne, désignée par lui, le montant de son avance. Les diverses formes de ces engagements constituent les *effets de commerce* (lettres de change, billets à ordre, chèques) ; ils sont négociés par les banques, tandis que les *effets publics* sont négociés à la Bourse.

Les effets publics. — Tous les capitaux, empruntés par l'Etat, sont représentés par des titres ou effets publics.

Ces titres sont nominatifs ou au porteur ; les premiers mentionnent le nom de leur propriétaire qui doit justifier de son identité pour vendre son titre ou toucher le *coupon** ; les seconds donnent au détenteur le droit de vendre le titre et de toucher les coupons sans remplir de formalités.

Les fonds publics sont les valeurs qui présentent le plus de sécurité.

Les actions industrielles et commerciales promettent souvent, dans leur début, des intérêts supérieurs à ceux servis par l'Etat, mais ces promesses sont rarement réalisées et le capital versé est souvent perdu. En règle générale, plus l'intérêt est élevé, plus les risques sont grands.

CHAPITRE XIX

Consommation. — Association. Assistance.

SOMMAIRE

Le Luxe. — L'Epargne. — Les Sociétés. — La Misère.

Le Luxe. — Tous les objets appropriés aux besoins de l'homme ont pour fin la consommation; cette consommation est dite productive, si elle est faite en vue d'obtenir un nouvel objet, et improductive, si elle n'a d'autre but que d'entretenir le corps, de procurer un bien-être matériel ou intellectuel. Une partie de cette consommation est inévitable, nécessaire; une autre est superflue; cette dernière, c'est le luxe.

Le luxe est difficilement appréciable. Ainsi, prendre une voiture pour se rendre à son travail est un luxe pour un ouvrier; c'est une dépense nécessaire pour un commerçant qui doit se transporter dans un grand nombre d'endroits et dans le moins de temps possible.

Le commerçant agira même avec économie en ayant une voiture à lui. Le luxe n'est donc condamnable qu'autant qu'il est exagéré ; ce qui est à éviter, c'est la disproportion entre l'utilité de la dépense et les ressources du consommateur. Aussi, ne doit-on blâmer que les dépenses nuisibles, stériles ou extravagantes.

L'Epargne. — L'homme n'est pas toujours jeune, et, s'il dépense, dans la force de l'âge, tout ce qu'il gagne, on peut dire qu'il se consomme lui-même, car il doit savoir que plus il s'acheminera vers la vieillesse, plus ses besoins physiques augmenteront et moins il lui sera facile d'y pourvoir.

Il doit donc épargner, se constituer quelques ressources pour ses vieux jours.

Le moyen le plus à la portée du travailleur, c'est la caisse d'épargne qui sert un intérêt pour les plus petits capitaux. On sait que l'économie est une des formes de la prévoyance, de la moralité, laquelle entraîne l'estime, la confiance, le travail et, comme conséquence, le bien-être.

Les Sociétés. — Les tentatives individuelles d'économie et d'épargne restent souvent impuissantes.

Le moyen de les décupler, c'est l'association sous ses diverses formes : assurance sur la vie et contre les accidents, caisses de retraites, Sociétés de secours mutuels et, surtout, les Sociétés coopératives de production et de consommation.

Les Sociétés coopératives peuvent acheter en gros et faire analyser leurs produits ; elles procurent, par suite, à leurs membres le moyen de mieux vivre et à meilleur marché ; elles leur donnent l'habitude énergique d'éviter des dettes, la possibilité d'épargner avec moins de peine ; elles habituent à la pratique des affaires et à la connaissance des hommes.

Elles sont un puissant moyen de constituer des fonds d'assurances, de servir des retraites, etc. ; elles régularisent les prix et mettent fin aux conflits incessants qui naissent entre acheteur et vendeur, entre patron et ouvrier.

Le nombre des Sociétés coopératives de consommation en France est de 1,090, représentant environ 360,000 membres.

Quant aux Sociétés de production et de crédit, elles sont encore peu nombreuses.

Les Sociétés coopératives des différentes formes sont beaucuup plus répandues et plus puissantes en Angleterre et en Allemagne. Nous ayons, sur ce point, de grands efforts à faire pour nous mettre au niveau de ces nations.

La Misère. — Ce n'est pas un mal nouveau que le règne de la misère dans une portion considérable de la société ; mais le développement de la grande industrie, en concentrant ce fléau sur certains points déterminés, lui donne un caractère particulier, désigné sous le nom de paupérisme.

Les principales causes de la misère peuvent se résumer comme suit :

Le malheur, l'imprévoyance, la surpopulation, les préjugés *, les fausses mesures économiques, les vices individuels.

On ne peut songer à supprimer le malheur, les

accidents, mais le devoir le plus urgent est d'en atténuer les tristes effets.

Il n'est pas possible de contraindre tous les hommes à être prévoyants * et à ne fonder une famille que lorsqu'ils sont en état de pourvoir à ses besoins.

Les préjugés sont tenaces; il faut des siècles pour les déraciner.

Ainsi, par exemple, celui qui veut que la femme soit un être secondaire, inférieur, a toujours conduit à une exploitation inadmissible de son travail et contribue par là à la dégradation morale d'un grand nombre.

Les fausses mesures économiques occasionnent une concurrence outrancière, le surtravail, l'insalubrité, la surproduction, le chômage, les grèves. Ces troubles dans la production industrielle entraînent la décrépitude physique et morale, ainsi que son triste cortège de vices individuels : ivrognerie, débauche, paresse. Mais la meilleure organisation sociale aura, comme toute œuvre, ses défauts, ses imperfections ; on pourra paralyser les vices individuels, mais non les détruire en totalité.

Si la misère semble, dès lors, inhérente à la condition de l'humanité, les efforts, en vue de la combattre, de la renfermer dans un cercle étroit, n'en doivent être que plus énergiques.

Les mesures appliquées ou préconisées contre ce mal si déplorable sont aussi diverses que ses causes.

Au point de vue moral, elles consistent à développer l'esprit d'association et de solidarité, à stimuler l'énergie individuelle, à perfectionner les facultés par l'éducation et l'instruction.

Au point de vue physique, elles tendent à poursuivre l'amélioration du bien-être matériel par les applications des sciences.

Parmi les moyens d'ordre économique, nous signalerons ceux qui aboutissent à la hausse du salaire réel, à une meilleure organisation de l'assistance publique et privée, à la péréquation* de l'impôt, à la création de Sociétés de secours mutuels, des caisses de retraite, d'assurances et d'épargne (1),

La misère sévit avec plus ou moins d'acuité chez tous les peuples et les efforts, faits, jusqu'à ce jour, pour l'abolir, n'ont pas été efficaces.

Personne ne peut contester, cependant, que des progrès ont été accomplis et que les découvertes de la science jointes à une conception plus générale et plus nette de la solidarité sociale doivent conduire à l'adoucissement, à l'embellissement de la vie humaine.

« Aujourd'hui, dit M. Berthelot, (2) nous déclarons le droit de tout homme au développement de toutes les facultés par l'éducation ; nous déclarons son droit à la vie matérielle, intellectuelle et morale. Nous déclarons que notre devoir à tous

(1) Cette nomenclature est fort incomplète, mais l'exiguité de notre cadre nous oblige à renvoyer aux ouvrages spéciaux pour l'étude des combinaisons sociétaires, (collectivisme et communisme) lesquelles, d'ailleurs, se résument presque toutes dans l'extension exagérée des services de l'État.

(2) Extrait d'un discours prononcé par l'illustre savant, le 4 avril 1895.

ne consiste pas seulement à aider notre prochain par une aumône ou une charité, trop souvent aveugle ou insuffisante ; mais, nous devons le prendre par la main comme un frère et lui assurer, par tous les moyens pacifiques et légaux, sa part légitime dans les bénéfices d'une Société où toute jouissance et toute propriété sont les fruits du travail accumulé par les générations antérieures.

Nous tendons, ainsi, vers le règne idéal de la fraternité et de la solidarité sociale, proclamé par la Révolution. Telles sont, ou plutôt doivent être, les conséquences de l'application de la science moderne à la morale et à la politique.

En les poursuivant dans un esprit de modération de tolérance, de justice et d'amour, leur évolution légitime amènera, par degré et sans violence, une transformation complète des sociétés humaines. »

ANNEXE

DÉCLARATION

DES DROITS DE L'HOMME ET DU CITOYEN

VOTÉE PAR L'ASSEMBLÉE NATIONALE EN 1789.

Les représentants du Peuple français, constitués en Assemblée nationale, considérant que l'ignorance, l'oubli ou le mépris des droits de l'homme sont l'unique cause des malheurs publics et de la corruption des gouvernements, ont résolu de rétablir, dans une déclaration solennelle, les droits naturels, inaliénables, imprescriptibles et sacrés de l'homme, afin que cette déclaration, constamment présente à tous les membres du corps social, leur rappelle sans cesse leurs droits et leurs devoirs; afin que les actes du Pouvoir législatif et ceux du Pouvoir exécutif, pouvant être à chaque instant comparés avec le but de toute institution politique, en soient plus respectés: afin que les réclamations des citoyens, fondées désormais sur des principes simples et incontestables, tournent toujours au maintien de la Constitution et au bonheur de tous.

En conséquence, l'Assemblée nationale reconnaît et déclare, en présence et sous les auspices de l'Être suprême, les droits suivants de l'homme et du citoyen.

Article 1er. Les hommes naissent et demeurent libres et égaux en droits. Les distinctions sociales ne peuvent être fondées que sur l'utilité commune.

Art. 2. Le but de toute association politique est la conservation des droits naturels et imprescriptibles de l'homme. Ces droits sont la *liberté*, la *propriété*, la *sûreté* et la *résistance à l'oppression*.

Art. 3. Le principe de toute souveraineté réside essentiellement dans la Nation; nul corps, nul individu ne peut exercer d'autorité qui n'en émane expressément.

Art. 4. La liberté consiste à faire tout ce qui ne nuit pas à autrui; ainsi l'exercice des droits naturels de chaque homme n'a de bornes que celles qui assurent aux autres membres de la société la jouissance de ces mêmes droits. Ces bornes ne peuvent être déterminées que par la loi.

Art. 5. La loi n'a le droit de défendre que les actions nuisibles à la société. Tout ce qui n'est pas défendu par la loi ne peut être empêché, et nul ne peut-être contraint à faire ce qu'elle n'ordonne pas.

Art. 6. La loi est l'expression de la volonté générale; tous les citoyens ont droit de concourir personnellement ou par leurs représentants à sa formation. Elle doit être la même pour tous, soi qu'elle protège, soit qu'elle punisse. Tous les citoyens étant égaux à ses yeux, sont également admissibles à toutes dignités, places et emplois publics, selon leur capacité et sans autre distinction que celle de leurs vertus et de leurs talents.

Art. 7. Nul homme ne peut être accusé, arrêté, ni détenu, que dans les cas déterminés par la loi, et selon les formes qu'elle a prescrites. Ceux qui sollicitent, expédient, exécutent ou font exécuter des ordres arbitraires, doivent être punis, mais tout citoyen appelé ou saisi en vertu de la loi, doit obéir à l'instant; il se rend coupable par la résistance.

Art. 8. La loi ne doit établir que des peines strictement nécessaires, et nul ne peut être puni qu'en vertu d'une loi établie et promulguée antérieurement au délit, et légalement appliquée.

Art. 9. Tout homme étant présumé innocent, jusqu'à ce qu'il ait été déclaré coupable, s'il est jugé indispensable de l'arrêter, toute rigueur qui ne serait pas nécessaire pour s'assurer de sa personne doit être sévèrement réprimée par la loi.

Art. 10. Nul ne doit être inquiété pour ses opinions, même religieuses, pourvu que leur manifestation ne trouble pas l'ordre public établi par la loi.

Art. 11. La libre communication des pensées et des opinions est un des droits les plus précieux de l'homme; tout citoyen peut donc parler, écrire, imprimer librement, sauf à répondre de l'abus de cette liberté dans les cas prévu par la loi.

Art. 12. La garantie des droits de l'homme et du citoyen nécessite une force publique; cette force est donc instituée pour l'avantage de tous, et non pour l'utilité particulière de ceux auxquels elle est confiée.

Art. 13. Pour l'entretien de la force publique et pour les dépenses d'administration, une contribution commune est indispensable; elle doit être également répartie entre tous les citoyens, en raison de leurs facultés.

Art. 14. Chaque citoyen a le droit de constater par lui-même ou par ses représentants la nécessité de la contribution publique, de la consentir librement, d'en suivre l'emploi, d'en déterminer la quotité, l'assiette, le recouvrement et la durée.

Art. 15. La société a le droit de demander compte à tout agent public de son administration.

Art. 16. Toute société dans laquelle la garantie des droits n'est pas assurée, ni la séparation des pouvoirs déterminée, n'a point de constitution.

Art. 17. La propriété étant un droit inviolable et sacré, nul ne peut en être privé, si ce n'est lorsque la nécessité publique, légalement constatée, l'exige évidemment, et sous la condition d'une juste et préalable indemnité.

LEXIQUE

Aberration. Erreur de l'esprit.

Abstraction. Opération de l'esprit qui consiste à choisir un caractère d'une chose pour ne considérer que ce caractère.

Altruisme. Penchant affectif pour les autres hommes. Opposé à l'égoïsme.

Aristote. Célèbre philosophe grec (384-322 avant l'ère chr.)

Authentique. Incontestable; on appelle actes authentiques, les actes reçus par les officiers ministériels.

Appel. Voie de recours devant une juridiction supérieure contre une décision rendue par un tribunal inférieur.

Appropriation. action de rendre propre à une destination prévue, recherchée.

Bonheur. Etat heureux, situation favorable et prospère qui produit le contentement.

Censitaire. Dérivé de cens; le cens était la quotité d'imposition qu'il fallait payer pour être électeur ou éligible.

Charité. En philosophie c'est l'amour du prochain — au sens vulgaire, ce mot est synonyme d'aumône.

Chef. Appelé de son chef — expression juridique signifiant être appelé en personne.

Cicéron. Célèbre orateur romain, né en 106 avant notre ère, tué en 43, par ordre d'Antoine.

Civilisation. Caractère d'ensemble des peuples sociables, humains et policés.

Code. Recueil de lois; le plus important de tous, le code civil, contient 36 lois qui ont été réunies en un seul corps, avec une même série d articles.

Conciliateur. Ce mot employé à l'égard du juge de paix, indique que ce magistrat est chargé de mettre d'accord les plaideurs par un arrangement amiable, avant procès.

Concordat. Traité passé entre le Pape et le premier Consul pour la réorganisation du culte en France et qui fut publié comme loi d'Etat le 18 germinal an X (3 avril 1802). — Traité passé entre un failli et ses créanciers.

Consacrer. Sanctionner, rendre durable.

Constituante. Première des assemblées politiques de la révolution française; celle qui fit la constitution de 1791.

Coupon. Partie détachable d'un titre de rente et représentative des intérêts pour un laps de temps indiqué; les coupons s'échangent dans les banques et autres établissements de crédit contre du numéraire.

Coutume. Usage consacré par le temps.

Cours légal. Cours fixé et garanti par la loi — le cours d'un billet de banque est forcé lorsque la banque est momentanément déliée de l'obligation de rembourser à vue le montant du billet.

Corporation. Association de travailleurs du même corps de métier, unis par des droits et des devoirs réciproques.

Culte. Ensemble d'actes religieux; en France chacun professe sa religion avec une égale liberté; les ministres des cultes catholique, luthériens, calviniste, et israëlite reçoivent un traitement de l'Etat.

Droit. Ensemble des règles qui

au point de vue du juste et de l'injuste, régissent les rapports des hommes; dans un sens plus restreint, sert à indiquer les facultés ou prérogatives que la loi consacre.

Drapeau. Symbole de la Patrie.

Economie sociale. Science qui traite des phénomènes et des lois générales de la Production, de la distribution et de la consommation des richesses.

Education. Action de développer les facultés physiques, les penchants moraux, les aptitudes intellectuelles.

Egoïste. Prédominance des instincts personnels; amour exclusif et exagéré de soi.

Esclavage. Dépendance, assujettissement; état de l'homme qui n'est pas libre. Chez les peuples anciens, le nombre des esclaves dépassait souvent celui de la population libre; le servage était une forme atténuée de l'esclavage primitif.

Ester. Intenter, suivre une action en justice.

Evolution. Transformation lente et continue des hommes et des choses sous l'influence des lois générales qui gouvernent l'univers.

Franklin (Benjamin). Homme d'État, et grand moraliste, fondateur de l'indépendance américaine (1706-1790).

Guerre. Différend entre nations qui se vide par la voie des armes.

Homologué. Qui est autorisé, confirmé par autorité de justice.

Humanité. Douceur, bonté, compassion pour les maux d'autrui.

Huis clos. Portes fermées, le public n'étant pas admis.

Hygiène. Ensemble de règles ayant pour objet la conservation de la santé.

Hypothèque. Droit de suite et de préférence accordé sur le prix des biens immeubles, sous certaines conditions, pour garantie d'une créance.

Insurrection Soulèvement contre le gouvernement.

Intelligence. Faculté de penser, de réfléchir; diffère de l'instinct qui est un penchant naturel et irréfléchi le plus souvent dirigé vers un objet physique.

Intérêt. Satisfaction raisonnée des tendances égoïstes; désir de bonheur. En économie, bénéfice qu'on retire de l'argent prêté.

Impôts. Impôts ou contribution, sommes payées par les habitants d'un pays pour subvenir aux dépenses de la vie commune ou sociale.

Jurande. Nom donné jadis à la charge de juré dans la corporation d'artisans ou de marchands.

Laïque. Qui n'appartient à aucune religion.

Liberté. Pouvoir d'agir ou de ne pas agir; état opposé à la captivité, à la servitude, à la contrainte; la liberté trop grande, c'est la licence, le dérèglement.

Littoral. Etendue de pays le long du bord de la mer.

Loi. Condition essentielle d'un fait; prescription légale; obligation imposé par la conscience;

Mansuétude. Bénignité, douceur d'âme.

Mandaté. Revêtu de l'ordre de payer.

Maxime. Proposition générale énoncée sous la forme d'un précepte.

Mérite. Ce qui rend une personne digne d'estime, de considération; caractère moral de nos actions sur lequel repose la juste distribution des récompenses et des peines.

Métaphysique. Science qui a pour objet des idées abstraites.

Ministère public. Fonction du magistrat chargé, dans les tribunaux, de défendre l'intérêt public.

Montesquieu. Illustre philosophe français (1689-1755).

Mutation. Changement.

Mystique. Testament mystique, testament remis clos et bien scellé au notaire.

Nation. Ensemble des habitants d'un pays soumis aux mêmes lois, aux mêmes mœurs.

Octroi. Impôt municipal indirect sur les consommations locales.

Offices Charge, profession. La dénomination d'officiers ministériels s'applique aux notaires, avoués, greffiers.

Parasite. Qui vit au dépend des autres.

Patrimoniaux Les biens patrimoniaux des communes sont ceux qui, loués ou affermés à des particuliers, produisent des revenus annuels.

Péréquation. Répartition égale.

Philosophe. Celui qui étudie la philosophie ou qui la pratique; par la philosophie, l'homme se rend maître de ses passions et s'élève audessus des préjugés.

Préjugé. Erreur accréditée, adoptée sans examen; prévention générale.

Prévoyance. Faculté de prévoir, de juger ce qui peut arriver et de prendre les mesures nécessaires en vue d'événements probables; emporte l'idée de travail et d'épargne.

Progrès. Mouvement en avant, augmentation du bien.

Rapt. Enlèvement par violence.

Rationnel. Qui se rapporte à la raison.

Rébellion. Résistance contre la loi ou ses représentants; lorsqu'elle s'étend, la rébellion prend le nom d'émeute; généralisée, elle peut entraîner une révolution.

Représentation. Venir par représentation — expression juridique signifiant que les descendants remplacent, représentent les ascendants décédés.

République. Etat où le peuple se gouverne lui-même, soit directement, soit par ses délégués. La République a été 3 fois proclamée en France: le 21 Septembre 1792, le 4 mai 1848 et le 4 Septembre 1870.

Sage. Prudent, circonspect; on donne ce nom aux philosophes de l'antiquité.

Science. Recherche des lois ou analyse des principes.

Seing-privé. Acte sous seing-privé: acte qui n'a pas été passé devant un officier public, par opposition à acte notarié.

Souche. Personnage duquel descend une famille, une race.

Socrate. Célèbre philosophe athénien, condamné à boire la ciguë, l'an 400 avant notre ère. Il est resté la plus haute personnification de la sagesse antique.

Symbole. Figure, signe ou image employé pour désigner, d'une manière sensible, une chose immatérielle.

Tangible. Qui tombe sous les sens, que l'on peut toucher.

Titre. Pièce authentique.

Tradition. Transmission orale des faits.

Usufruit. Jouissance des fruits, des revenus d'un héritage, d'un bien dont la propriété appartient à un autre.

Usure. Anciennement loyer de tout capital; aujourd'hui, taux d'intérêt, supérieur au maximum fixé par la loi.

Vertu. Disposition constante de l'homme à faire le bien.

Volonté. Faculté d'agir, de se déterminer à agir.

TABLE DES MATIÈRES

INSTRUCTION CIVIQUE

DROIT USUEL

ÉCONOMIE SOCIALE

Paris. — Imprimerie Vve Albouy, 75, Avenue d'Italie.

www.ingramcontent.com/pod-product-compliance
Ingram Content Group UK Ltd.
Pitfield, Milton Keynes, MK11 3LW, UK
UKHW021048230726
13926UKWH00004B/1717

9 782016 198483